LETRAMENTO INFORMACIONAL
Função educativa do bibliotecário na escola

Coleção Biblioteca Escolar

Bernadete Santos Campello

LETRAMENTO INFORMACIONAL
Função educativa do bibliotecário na escola

autêntica

Copyright © 2009 Bernadete Santos Campello

CAPA
Alberto Bittencourt

EDITORAÇÃO ELETRÔNICA
Tales Leon de Marco

REVISÃO
Dila Bragança de Mendonça

Revisado conforme o Novo Acordo Ortográfico.

Todos os direitos reservados pela Autêntica Editora. Nenhuma parte desta publicação poderá ser reproduzida, seja por meios mecânicos, eletrônicos, seja via cópia xerográfica, sem a autorização prévia da Editora.

AUTÊNTICA EDITORA LTDA.
Rua Aimorés, 981, 8º andar . Funcionários
30140-071 . Belo Horizonte . MG
Tel: (55 31) 3222 68 19
TELEVENDAS: 0800 283 13 22
www.autenticaeditora.com.br

Dados Internacionais de Catalogação na Publicação (CIP)
(Câmara Brasileira do Livro, SP, Brasil)

Campello, Bernadete Santos
　　Letramento informacional : função educativa do bibliotecário na escola / Bernadete Campello. -- Belo Horizonte : Autêntica Editora, 2009. -- (Biblioteca escolar)

ISBN 978-85-7526-390-7

1. Biblioteconomia 2. Ciência da informação 3. Letramento I. Título. II. Série.

09-03301　　　　　　　　　　　　　　　　　　　　　　　　　　　CDD-025.4

Índices para catálogo sistemático:
1. Letramento informacional : Ciência da informação : Biblioteconomia 025.4

Sumário

Apresentação.. 7

Capítulo 1 - Letramento informacional................ 11

Capítulo 2 - Parâmetros para habilidades informacionais.. 21

Capítulo 3 - Bases teóricas do letramento informacional na biblioteconomia...................... 31

Capítulo 4 - Pesquisa orientada............................. 41

Capítulo 5 - Colaboração do bibliotecário com a equipe pedagógica.. 53

Capítulo 6 - Avaliação da aprendizagem de habilidades informacionais.................................. 63

Capítulo 7 - Leitura informativa............................ 71

Sobre a autora... 79

Apresentação

Atualmente, o crescente volume de informações à disposição da sociedade vem lançando diversos desafios às profissões ligadas à informação, entre elas, a do bibliotecário. Ancorada nos conhecimentos que acumulou ao longo de seu contato com o mundo do impresso nos últimos quatrocentos anos, a biblioteconomia tem desenvolvido metodologias para a organização de estoques de informação do ambiente virtual, contribuindo para facilitar o acesso ao conhecimento. Paralelamente, a classe bibliotecária percebe uma demanda de ajuda das pessoas para decifrar o universo informacional complexo, que caracteriza a sociedade de informação. Isso significa ajudá-las a desenvolver habilidades de usar informações, tornando-as capazes de aprender de forma autônoma e ao longo da vida. Como sustentação a essa prática educativa, surgiu o conceito de *letramento informacional*.

Pode-se considerar que o *letramento informacional* constitui um passo à frente na trajetória da profissão bibliotecária, na busca de maior espaço para exercer seu papel educativo. Essa trajetória teve início com a implementação de serviços de referência e de educação de usuários em bibliotecas, criados para auxiliar os leitores a entender a estrutura peculiar daquele espaço e a lidar com as fontes de informação ali existentes. O *letramento informacional* é consequência natural desse percurso. Por focalizar as competências das pessoas e não o serviço oferecido pela biblioteca, tem a vantagem de tornar mais clara a contribuição do bibliotecário para a aprendizagem.

O conceito de *letramento informacional* foi bem acolhido no meio biblioteconômico brasileiro, e a literatura da área já conta com diversos trabalhos que o analisam sob diferentes perspectivas. Os autores se mostram receptivos à ideia de que as pessoas precisam desenvolver habilidades para lidar com informações de forma mais eficaz. Além disso, acreditam que o bibliotecário detém conhecimentos que lhe permitem contribuir nesse processo.

Embora as práticas de *letramento informacional* em bibliotecas brasileiras sejam incipientes, alguns bibliotecários de escolas têm buscado implementar ações para o desenvolvimento de habilidades informacionais, contribuindo para a melhoria das capacidades de leitura e de pesquisa dos alunos. É necessário conhecer essas ações para entender melhor o conceito de *letramento informacional* na perspectiva brasileira e não perder de vista as especificidades do contexto educacional, evitando assim em discurso vago e idealista. É preciso também aprofundar a noção de *letramento informacional*, buscando entender aspectos específicos associados a ele, de forma a agilizar a implementação de práticas que contribuam para que o bibliotecário ocupe seu lugar no processo de aprendizagem.

Os sete capítulos que compõem este livro se articulam em torno do conceito de *letramento informacional* e partem do pressuposto de que o bibliotecário – dadas suas competências específicas – tem responsabilidade na formação de pessoas capazes de aprender com a informação. O livro teve origem nos estudos que realizamos sobre *letramento informacional*, em que foi explorado o tema na perspectiva da escolarização. Isto é, o nosso interesse tem sido em entender as possibilidades de ajudar crianças e jovens em fase de educação formal a se tornar pessoas capazes de aprender a partir de informações.

Ao transpor conhecimentos obtidos com nossos estudos para este livro, tivemos como objetivo tornar o material mais acessível para aqueles que tenham interesse em conhecer como a biblioteca escolar tem contribuído para a aprendizagem e como o conceito de *letramento informacional* pode embasar estratégias didáticas que ajudem as pessoas a aprender com a informação.

É importante esclarecer que o objetivo foi introduzir o conceito de *letramento informacional*, enfatizando sua interface com a educação. Pretendemos tornar mais próximos da biblioteconomia conceitos da área de educação ou a ela incorporados, os quais consideramos essenciais para bibliotecários que têm responsabilidade com a aprendizagem dos estudantes. Os conceitos apresentados – tanto aqueles consolidados na área de educação quanto os originados na biblioteconomia e na ciência da informação – foram tratados de forma abrangente, de acordo com a finalidade desta publicação. Ressaltamos, entretanto, que esses conceitos têm sido extensa e intensivamente estudados em investigações acadêmicas e divulgados na literatura dessas áreas. Espera-se, portanto, que sejam devidamente explorados por aqueles bibliotecários interessados em exercer sua função educativa de forma bem embasada. Para tanto, a bibliografia básica que acompanha cada capítulo pode ser facilmente ampliada pelo leitor.

Embora escrito na perspectiva da biblioteca de instituições de ensino básico e voltado especialmente para bibliotecários e outros profissionais dessas instituições, acreditamos que o livro possa ser útil para bibliotecários, professores e dirigentes educacionais atuantes em outros níveis, já que o *letramento informacional* deve ocorrer não apenas na fase de formação básica mas também durante toda a vida das pessoas.

Bernadete Santos Campello
Março de 2009

Capítulo 1
Letramento informacional

A capacitação das pessoas para usar a biblioteca e os recursos informacionais tem sido, há longo tempo, uma das preocupações do bibliotecário. Assim, nas bibliotecas foram criados serviços destinados especialmente a atingir esse objetivo, tais como os serviços de referência, de educação de usuários e de orientação bibliográfica. Na sociedade contemporânea, caracterizada pela abundância de informações sem precedentes, cresce a necessidade de se saber usar as informações e, portanto, o papel educativo do bibliotecário torna-se mais evidente, tendo em vista sua competência específica para lidar com informações. Tradicionalmente, o principal papel educativo do bibliotecário na escola referia-se à promoção da leitura. A ampliação desse papel ocorre com a demanda por um uso mais eficiente dos recursos informacionais na aprendizagem, especialmente quando esta se baseia em teorias construtivistas e quando a escola valoriza a pesquisa como princípio educativo. Assim, aumenta a necessidade de preparar os estudantes para lidar com o aparato informacional vasto e diverso hoje disponível, de forma que se tornem aprendizes autônomos e críticos. A ação do bibliotecário não se restringe, pois, à promoção da leitura nem à orientação bibliográfica, mas amplia-se para abranger aprendizagens mais complexas, levando ao aparecimento do conceito de letramento informacional.

O termo letramento informacional (*information literacy*) foi usado pela primeira vez nos Estados Unidos, na década de 1970, para caracterizar competências necessárias ao uso das fontes eletrônicas de informação, que começavam a ser produzidas na época. A classe biblioteconômica daquele país apropriou-se do termo em reação ao documento *A Nation at Risk*, relatório publicado em 1983 sobre a situação da educação norte-americana, que ignorava inteiramente a contribuição da biblioteca no ensino e o papel educativo do bibliotecário. Utilizando o conceito de letramento informacional como base para suas argumentações, os praticantes da área iniciaram um movimento de reação, em que tentavam provar sua capacidade de influir no processo de aprendizagem. É necessário lembrar que, embora utilizassem antes o termo *bibliographic instruction*, muitos bibliotecários norte-americanos que atuavam em escolas já vinham desenvolvendo uma ação pedagógica mais ampla do que esse termo implica e tinham consciência da influência positiva na aprendizagem exercida por esse trabalho.

O conceito de letramento informacional foi construído em torno de diversas noções, uma das quais a de sociedade da informação. No seu discurso sobre o tema do letramento informacional, os praticantes ressaltavam as características desse ambiente de abundância de informações e de variedade de formatos, justificando a necessidade de novas habilidades para lidar com a situação altamente complexa e mutável. O letramento informacional constituiria uma capacidade essencial, necessária aos cidadãos para se adaptar à cultura digital, à globalização e à emergente sociedade baseada no conhecimento. Implicaria fundamentalmente que as pessoas tivessem capacidade de entender suas necessidades de informação e de localizar, selecionar e interpretar informações, utilizando-as de forma crítica e responsável.

A noção de tecnologia da informação, que perpassa o conceito de letramento informacional, é consequência natural da questão anterior. Viver na sociedade da informação significa conviver com abundância e diversidade de informação, e a tecnologia é o instrumento que facilita o acesso a esse universo informacional amplo e complexo, bem como a seu uso.

Alguns autores consideram que a tecnologia tenha ensejado o aparecimento de uma nova forma de letramento. Tweed Ross e Gerald Bailey, pesquisadores da Kansas State University (EUA), identificaram quatro fases na evolução do letramento: pictográfica, oral, bibliográfica e eletrônica (*electrographic*). Observaram que, no século XXI, a pessoa letrada precisa entender de informação eletrônica, que, por sua característica de multimídia, apela para os vários sentidos, permite a comunicação a distância e envolve aspectos emocionais, multiculturais, colaborativos, artísticos e interativos. Assim sugeriram que fossem implementados nos currículos escolares o que chamam de "novo letramento".

A noção de *construtivismo* também está presente de forma marcante no conceito de letramento informacional, principalmente quando o foco é a aprendizagem de habilidades durante o período de escolarização da criança e do jovem. O construtivismo fundamenta-se na noção de que o próprio aluno constroi seu conhecimento com base em experiências anteriores e, em geral, utiliza variadas fontes de informação, ao contrário da visão do ensino tradicional, centrado em aulas expositivas e no professor como único informante. No ambiente construtivista de aprendizagem, os mediadores exercem a função de facilitadores no processo, que permite ao aluno familiarizar-se com o universo informacional complexo e diversificado.

O aparecimento do conceito de letramento informacional coincide com a época em que bibliotecários e pesquisadores da biblioteconomia e da ciência da informação familiarizavam-se com as teorias construtivistas que permeavam a educação. Assim, noções associadas a essas teorias, tais como *resource-based learning* (aprendizagem baseada em recursos), aprendizagem independente, aprender a aprender, aprendizagem ao longo da vida, aprendizagem por questionamento, aprendizagem por solução de problemas e pensamento crítico, estão presentes com frequência no discurso do letramento informacional.

O letramento informacional, portanto, adquire centralidade em escolas que têm seus projetos pedagógicos alicerçados em teorias construtivistas. Além disso, diretrizes educacionais, como os *Parâmetros Curriculares Nacionais*, enfatizando o uso social da linguagem e concebendo o trabalho didático com o texto como fundamental para o desenvolvimento da capacidade de uso eficaz da língua, pressupõem o conceito de letramento informacional. Considerando-se necessário viabilizar o acesso do aluno à ampla variedade de textos hoje disponíveis – textos que se organizam em variados gêneros que, por sua vez, são apresentados em diversos portadores ou espaços de escrita – é preciso que lhes sejam oferecidas oportunidades de aprender a lidar com esse universo informacional de maneira mais eficaz.

No contexto da pesquisa escolar – estratégia didática que demanda a utilização de fontes de informação – o aluno tem a oportunidade de praticar suas habilidades informacionais. É também o momento apropriado para que ele aprenda e refine esse tipo de habilidade, tornando-se um pesquisador cada vez mais competente pelo uso constante dessa estratégia didática, mediada pelo professor e pelo bibliotecário, cada um contribuindo em pontos específicos do processo.

A prática disciplinada da pesquisa foi estimulada pela criação de estruturas ou modelos que auxiliam os estudantes a percorrer os diversos estágios do processo, aprendendo a pesquisar de maneira eficiente. Esses modelos tiveram significativa influência nas ações de letramento informacional em países adiantados.

Um dos mais conhecidos é o *Big6*, desenvolvido pelos professores norte-americanos Michael Eisenberg (Information School, University of Washington) e Robert Berkowitz (School of Information Studies, Syracuse University) em 1987, considerado por seus autores como modelo de letramento informacional, que funciona como andaime (*scaffold*) metacognitivo. É uma estratégia para a solução de problemas e, segundo eles, um esquema essencial e útil na abordagem de questões baseadas em informação. O modelo é estruturado em seis passos, assim delineados:

1. Definição da tarefa
   1.1 Definir o problema de informação
   1.2 Identificar a informação necessária
2. Estratégias de busca de informação
   2.1 Determinar todas as possíveis fontes
   2.2 Selecionar as melhores fontes
3. Localização e acesso
   3.1 Localizar fontes (intelectual e fisicamente)
   3.2 Encontrar a informação nas fontes
4. Uso de informação
   4.1 Envolver-se (por exemplo: ler, ouvir, ver, tocar)
   4.2 Extrair informação relevante

5. Síntese
   5.1 Organizar a informação das várias fontes
   5.2 Apresentar a informação
6. Avaliação
   6.1 Julgar o produto (eficácia)
   6.2 Julgar o processo (eficiência) (tradução nossa).

O BIG6 é atualmente um empreendimento comercial de ampla aceitação, utilizado no nível do ensino básico em vários países.

Outro modelo que exerceu considerável influência no trabalho de bibliotecários norte-americanos foi o de autoria do especialista em desenvolvimento curricular Michael Marland, da Inglaterra. O seu modelo é também estruturado em passos a ser seguidos durante o processo de pesquisa, apresentados na forma de nove questões a ser trabalhadas quando se lida com problemas que requerem o uso de informação.

- O que preciso fazer? (formulação e análise de necessidades);
- Aonde posso ir? (identificação e avaliação de recursos adequados);
- Onde consigo a informação? (localização individual de recursos);
- Que recursos devo usar? (exame, seleção e rejeição de recursos);
- Como devo usar os recursos? (interrogação dos recursos);
- O que devo registrar? (registro e armazenamento de informação);
- Tenho a informação de que preciso? (interpretação, análise, síntese, avaliação);

- Como devo fazer a apresentação? (apresentação, comunicação);
- O que obtive? (avaliação).

Inúmeros outros esquemas dessa natureza foram desenvolvidos desde a década de 1980, e sua ampla aceitação em países desenvolvidos mostra que os bibliotecários estavam efetivamente envolvidos com a pesquisa escolar. Sua utilização foi reforçada por evidências que demonstravam influência positiva desse profissional na aprendizagem de habilidades de pesquisa.

A contribuição dos bibliotecários norte-americanos no processo de pesquisa escolar evidenciou-se em estudos realizados por Ross Todd e Carol Kuhlthau, professores e pesquisadores do Center for International Scholarship in School Libraries (USA). Eles investigaram em que aspectos a biblioteca escolar mais ajudava os estudantes. Esses estudos foram realizados em 2002/2003, envolvendo 13.123 alunos e 879 professores de 39 escolas de ensino básico do estado de Ohio (USA). Tanto nas respostas dos próprios estudantes quanto nas dos professores, o "conhecimento dos passos para busca e uso da informação na pesquisa escolar" foi a habilidade apontada como a que a biblioteca mais ajudava. Quase todos os alunos (96,7%) disseram que a biblioteca os ajudava a seguir os passos para buscar e usar informação, e 96,9% dos professores também consideraram essa a principal ajuda que seus alunos obtinham da biblioteca.

No Brasil, estudos sobre pesquisa escolar revelaram sua fragilidade como estratégia didática. Em um deles, que envolveu estudantes do ensino médio de duas escolas (uma pública e uma particular), as pesquisadoras Janaína Fialho e Maria Aparecida Moura, da Escola de Ciência da Informação da UFMG, perceberam que a prática da pesquisa escolar não se encontrava oficializada nos projetos das duas escolas pesquisadas, apesar de ambas reconhecerem a importância dessa atividade na formação do estudante. Além disso, a biblioteca não foi considerada como instrumento facilitador e promotor da pesquisa escolar. As pesquisadoras sugeriram melhorar articulação entre as ações do bibliotecário e as do professor, com o objetivo de ampliar a formação dos estudantes.

Enfatizando a importância da educação pela pesquisa, Kelley Cristine Gasque e Ricardo Tescarolo, pesquisadores da Universidade de Brasília, identificaram desafios que essa ação implica. Considerando que o desempenho de atividades de pesquisa requer a aprendizagem de competências de busca e uso de informação, esses autores ampliaram o entendimento da questão ao apontar os seguintes desafios: (a) a dificuldade em mudar a cultura pedagógica; (b) a formação inadequada dos professores; (c) a concepção de ensino-aprendizagem e a organização do currículo que não privilegiam a pesquisa; (d) a ausência de infraestrutura adequada de informação. Assim, a implantação de programas de letramento infomacional nas escolas vai exigir, segundo os autores, uma ação colaborativa, pois a responsabilidade por ele não pode ser apenas da classe bibliotecária. Programas de desenvolvimento de habilidades informacionais devem ser integrados ao projeto político-pedagógico das escolas e empreendidos desde a educação básica.

Assim, pode-se dizer que o bibliotecário brasileiro precisa preparar-se para enfrentar desafios, se quiser contribuir com suas competências específicas para a formação das pessoas. Ele terá de investir na construção de um modelo de letramento informacional para as escolas brasileiras. E deve lembrar-se de que, diferentemente dos instrumentos que utiliza para realizar trabalhos técnicos de organização do acervo – como códigos de catalogação ou tabelas de classificação, que se caracterizam por um alto grau de uniformização – as ações de letramento informacional não dispõem de instrumentos padronizados para sua realização. Já que depende fortemente do contexto em que é realizada e envolve aspectos subjetivos, sua prática irá variar em função das características de cada escola e dos alunos, exigindo do bibliotecário uma posição flexível e aberta a mudanças.

Referências

ALVES, M. P. Biblioteca escolar: tecnologias de informação e currículo. *Liberpolis*, n. 2, p. 69-80, 1999.

AMERICAN LIBRARY ASSOCIATION. Presidential Committee on Information Literacy. *Final report*. Chicago, 1989. Disponível em: <http://www.ala.org/ala/acrl/acrlpubs/whitepapers/presidential.htm> Acesso em: 12 fev. 2006.

CAMPELLO, B. O movimento da competência informacional: uma perspectiva para o letramento informacional. *Ciência da Informação*, Brasília, v. 32, n. 3, p. 28-37, 2003.

FIALHO, J. F.; MOURA, M. A. A formação do pesquisador juvenil. *Perspectivas em Ciência da Informação*, Belo Horizonte, v. 10, n. 2, p. 194-207, 2005. Disponível em: <http://www.eci.ufmg.br/pcionline/index.php/pci/article/viewFile/343/151> Acesso em: 16 abr. 2008.

GASQUE, K. C. G. D.; TESCAROLO, R. Letramento informacional e os desafios da educação básica. In: CONGRESSO BRASILEIRO DE BIBLIOTECONOMIA, DOCUMENTAÇÃO E CIÊNCIA DA INFORMAÇÃO, 22., 2007, Brasília. *Anais ...* Brasília: FEBAB/ABDF, 2007. CD-ROM.

MARLAND, M. (Ed.). *Information skills in the secondary curriculum*: the recommendations of a working group sponsored by the British Library and the Schools Council. London: Methuen Educational, 1981 citado por ALVES, M. P. Biblioteca escolar: tecnologias de informação e currículo. *Liberpolis*, n. 2, p. 69-80, 1999.

ROSS JR., T. W.; BAILEY, G. D. Wanted: a new literacy for the information age. *NASSP Bulletin*, v. 72, p. 31-35, 1994.

SOARES, M. Novas práticas de leitura e escrita: letramento na cibercultura. *Educação & Sociedade*, v. 23, n. 81, p. 143-160, 2002.

TODD, R.; KUHLTHAU, C. C. Student learning through Ohio school libraries, Part I: How effective school libraries help students. *School Libraries Worldwide*, v. 11, n. 1, p. 63-88, 2005.

TODD, R.; KUHLTHAU, C. C. Student learning through Ohio school libraries, Part II: Faculty perceptions of effective school libraries. *School Libraries Worldwide*, v. 11, n. 1, p. 89-110, 2005.

WHAT is the Big6™? Big6 Associates, 2004. Disponível em: <http://www.big6.com/showarticle.php?id=415> Acesso em: 07 jan. 2006.

CAPÍTULO 2
Parâmetros para habilidades informacionais

A transposição da dimensão conceitual do letramento informacional para sua prática foi sustentada pela sistematização das habilidades informacionais desejáveis. Isso foi feito por instituições representativas de bibliotecários ou por entidades educacionais para auxiliar seus membros na implantação e/ou na avaliação de programas de letramento informacional nas escolas.

O mais conhecido desses documentos é o *Information Power*, da American Association of School Librarians, elaborado em conjunto com a Association for Educational Communications and Technology, em 1998. Destinado a alunos do ensino básico, o *Information Power* define nove normas ou parâmetros de letramento informacional, divididas em três segmentos: (1) competência informacional; (2) aprendizagem independente; (3) e responsabilidade social. O primeiro segmento enfatiza as habilidades de acessar, avaliar e usar informação; o segundo diz respeito à capacidade de buscar e usar informação de maneira independente, e o terceiro explora o uso social da informação, abordando a atitude ética com relação à informação e ao compartilhamento de práticas informacionais. Cada uma dessas nove normas é, detalhada em habilidades específicas, chamadas de indicadores. Cada indicador, por sua vez, é apresentado em três níveis de desenvolvimento: básico, intermediário e avançado. A FIG. 1 apresenta uma visão geral das habilidades propostas no *Information Power*.

A explicitação das habilidades tornou mais claras as competências de uso de informação, possibilitando definir melhor o papel de cada mediador no processo de aprendizagem, o que é um aspecto fundamental nas intervenções didáticas que envolvem professor e bibliotecário.

Além de apontar as habilidades informacionais, o *Information Power* explora noções que dão apoio teórico à prática que propõe. O documento sustenta-se no conceito de sociedade da informação e em teorias construtivistas de aprendizagem, afirmando que a habilidade de usar informação é o ponto-chave para a aprendizagem independente e ao longo da vida. O universo informacional na sociedade contemporânea, caracterizado por grande quantidade de informações em suportes variados, exige do estudante o domínio de habilidades informacionais para capacitá-lo a aprender. Sabendo acessar, avaliar e usar informação, ele estará supostamente preparado para construir seu conhecimento no novo contexto de aprendizagem que hoje se apresenta, tornando-se capaz de continuar aprendendo de maneira independente, ética e durante toda sua vida.

Segundo o *Information Power*, ao participar do processo de ensinar habilidades de informação o bibliotecário deve se fundamentar em três idéias: colaboração, liderança e tecnologia. Juntas, elas constituiriam a base para o programa de letramento informacional da biblioteca.

CATEGORIAS	PADRÕES	INDICADORES
Padrões de competência informacional	1. acessa informação de forma eficiente e efetiva	1. reconhece a necessidade de informação
		2. percebe que informação apropriada e abrangente é a base para a tomada inteligente de decisões
		3. formula perguntas baseadas nas necessidades de informação
		4. identifica uma variedade de fontes potenciais de informação
		5. desenvolve e usa estratégias de localização de informação bem sucedidas.
	2. avalia informação de forma crítica e competente	1. determina exatidão, relevância e abrangência
		2. distingue fato, ponto de vista e opinião
		3. identifica informação imprecisa, inexata e capciosa
		4. seleciona informação apropriada para o problema ou pergunta propostos
	3. usa informação corretamente e produtivamente	1. organiza informação para aplicação prática
		2. integra nova informação ao conhecimento próprio
		3. aplica informação ao pensamento crítico e à resolução de problemas
		4. produz e transmite informação e ideias em formatos apropriados

O indivíduo que possui competência informacional:

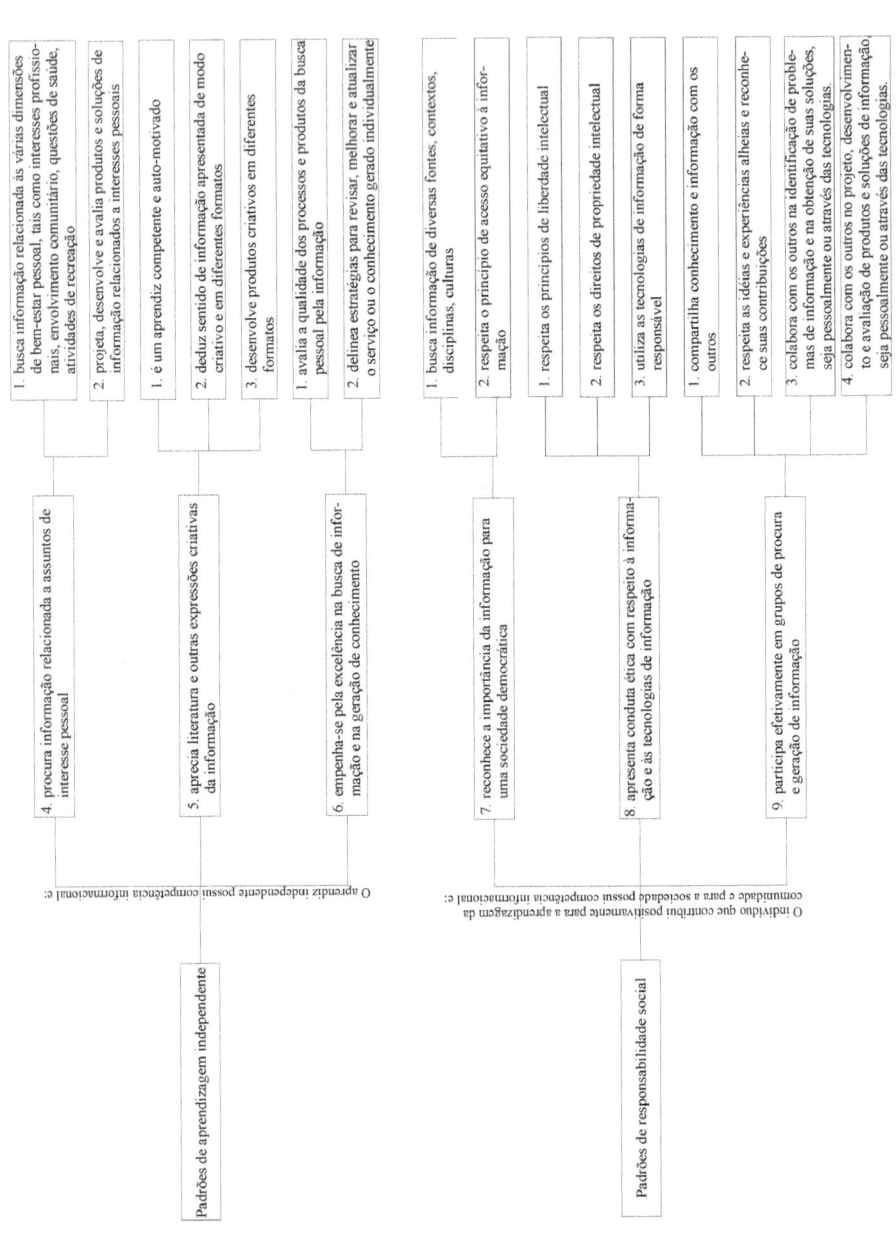

FIGURA 1 – Indicadores de competência informacional

Fonte: SIRIHAL DUARTE, Adriana Bogliolo. Informação, sociedade e inclusão digital. In: REIS, A. S.; CABRAL, A. M. R. (Org.). *Informação, cultura e sociedade*: interlocuções e perspectivas. Belo Horizonte: Novatus, 2007. p. 101-121.

A *colaboração* é considerada essencial e significa o envolvimento do bibliotecário com os professores no planejamento, na implementação e na avaliação das atividades relacionadas com a biblioteca.[1] O bibliotecário é visto como catalisador dessa colaboração não só iniciando ações de relacionamento com os professores individualmente, mas também buscando criar uma cultura de colaboração na escola. Sabe-se que esse processo exige tempo e energia, e é fundamental para garantir o êxito das atividades da biblioteca.

O *Information Power* propõe que o bibliotecário exerça uma *liderança* mais visível na escola, no sentido de esclarecer a natureza da aprendizagem em ambiente de abundância informacional e de atuar para integrar ao currículo o conceito de letramento informacional, o que propiciaria uma ação didática articulada em torno da biblioteca. A liderança do bibliotecário ocorreria também de outras formas: ele encorajaria as pessoas a aprender de maneira independente e a desenvolver a capacidade de ter opiniões próprias; além disso, identificaria oportunidades de formação continuada para os membros do corpo docente. Seria uma liderança formal e informal; neste último caso, por exemplo, mostrando entusiasmo pela ideia de trabalho em equipe e apoiando os estudantes para ser membros ativos da comunidade de aprendizagem.

O *Information Power* posiciona o bibliotecário como líder no uso de tecnologias na escola. Colaborando com os professores, ele desempenharia um papel fundamental no planejamento de estratégias didáticas que usam tecnologia; no sentido não de aprender a usar a máquina, mas de integrar pessoas e aprendizagem com os instrumentos tecnológicos atualmente disponíveis. Além

---

[1] O tema da colaboração é tratado em detalhe no Capítulo 5.

de conteúdos, os alunos aprenderiam a usar a tecnologia de forma ética e responsável.

Percebe-se que essa é uma visão bem avançada da função pedagógica do bibliotecário, desenvolvida coletivamente pela classe bibliotecária nos Estados Unidos, que possui longa prática com questões educacionais. No Brasil, entretanto, a situação é bastante diferente. Embora se perceba que o bibliotecário em escolas de ensino básico já demonstre o desejo de manter um envolvimento mais direto com as questões pedagógicas e reconheça que detém um conhecimento útil para ajudar os estudantes na sua aprendizagem, ele tem de se esforçar muito para implementar projetos que, de forma sistemática e continuada, envolvam os estudantes. Por outro lado, sabe-se que há demanda para o desenvolvimento de habilidades informacionais na escola. Os *Parâmetros Curriculares Nacionais* (PCN) para o ensino básico, por exemplo, recomendam o desenvolvimento de várias dessas habilidades. Uma pesquisa que examinou em que medida os PCN contemplam o letramento informacional demonstrou que o documento contém grande parte das habilidades incluídas no *Information Power*. As habilidades básicas de acessar, avaliar e usar informações são visíveis nos PCN. A ênfase na aprendizagem independente por meio de variadas fontes de informação também está presente no documento: a diversidade textual é considerada fundamental para a aprendizagem significativa, resultando na necessidade de oferecer aos estudantes condições de lidar com a variedade de textos que circulam socialmente. Questões relativas à responsabilidade social associada ao uso de informação aparecem em sugestões para o compartilhamento de informações obtidas e organizadas pelos estudantes no curso de seus trabalhos escolares.

Outro aspecto que abre possibilidades para que o bibliotecário exerça efetivamente sua ação educativa na escola é a existência de metodologias que deem sustentação a projetos de letramento informacional. Durante muito tempo, não havia no Brasil diretrizes que auxiliassem na implementação de programas de letramento informacional nas escolas. As poucas que surgiram eram muito limitadas ou pouco divulgadas, por isso não causaram impacto na prática das bibliotecas escolares. Uma metodologia ampla surgiu em 2002, com a publicação do livro de Carol Kuhlthau *Como usar a biblioteca na escola: um programa de atividades para o ensino fundamental*, onde foi apresentado um programa de letramento informacional que abrange desde a educação infantil até as últimas séries do ensino fundamental. A metodologia baseia-se na perspectiva construtivista da aprendizagem e na teoria de desenvolvimento cognitivo de Jean Piaget. Apresenta sugestões de atividades minuciosamente descritas e estruturadas, compondo um programa sequencial para a aprendizagem do uso da biblioteca e das fontes de informação, a ser utilizado no ritmo do desenvolvimento do estudante. Explicitando as habilidades informacionais que as crianças e os jovens precisam adquirir, essa metodologia apresenta sugestões para o domínio gradual dessas habilidades, o qual pressupõe ação conjunta de professores e bibliotecários, envolvidos em uma pedagogia construtivista.

Assim, as habilidades informacionais têm sido sistematizadas para compor estruturas que poderão auxiliar na implementação de programas de letramento informacional nas escolas. Esse tipo de instrumento é necessário para ajudar os bibliotecários no planejamento de atividades possíveis de realizar nas escolas em que atuam, fornecendo a base para o diálogo com os professores, que é essencial para o êxito dessas ações. Entretanto, é necessário também entender como, de fato, estão ocorrendo essas ações no cotidiano das bibliotecas escolares brasileiras. Que contribuição os bibliotecários estão dando à aprendizagem? Que habilidades procuram desenvolver nos estudantes?

Pesquisas revelaram que bibliotecários envolvidos em projetos educativos em escolas de ensino básico procuram principalmente desenvolver o gosto dos alunos pela leitura, e essa é sua principal preocupação. No que diz respeito às habilidades de pesquisa, eles buscam desenvolver várias delas. Ensinam os estudantes a usar a biblioteca, mostrando como ela é organizada e preocupando-se com que saibam movimentar-se naquele espaço, com familiaridade e autonomia. Os bibliotecários entendem que a biblioteca escolar serve de modelo para crianças e jovens utilizarem e usufruírem outros espaços informacionais semelhantes ao longo de sua vida. Assim, os usuários se familiarizam com os diversos setores da biblioteca, aprendem a utilizar o catálogo, conhecem o sistema de classificação e, utilizando o número de chamada, conseguem localizar o livro na estante. O objetivo é tornar os estudantes autônomos no uso da biblioteca.

Habilidades ligadas à pesquisa são ensinadas pelo bibliotecário, começando com o conhecimento das fontes de informação. Nesse sentido, os alunos familiarizam-se com jornais, revistas, dicionários, almanaques, enciclopédias e, é claro, com a internet. Outras habilidades específicas relacionam-se ao uso das fontes. Os alunos aprendem, por exemplo, a localizar um verbete na enciclopédia utilizando o conhecimento de ordem alfabética, e até a usar ferramentas de busca na internet para encontrar informações confiáveis.

Elaborar e normalizar o trabalho escrito é outra habilidade referente à pesquisa escolar ensinada pelos bibliotecários. Os alunos ficam conhecendo as partes que compõem o trabalho (introdução, desenvolvimento, conclusão, anexos, referências), bem como as informações que cada uma deve conter. Aprendem a fazer as anotações, o resumo, as citações e as referências.

Assim, embora não tendo responsabilidade semelhante à do professor no que diz respeito à aprendizagem, os bibliotecários acabam ensinando diversas habilidades de forma não regular e sistematizada como na sala de aula, mas causalmente, quando os alunos vão à biblioteca para realizar suas pesquisas. Portanto, contribuem para aumentar as capacidades de pesquisa dos alunos, preparando-os para realizar trabalhos similares futuramente, já que essas habilidades constituem um metaconhecimento, ou seja, um conhecimento que possibilita a aquisição de novos conhecimentos.

Pode-se dizer que já existem condições mínimas para alavancar a ação dos bibliotecários brasileiros no exercício de sua função educativa e que eles estão dando os primeiros passos para consolidá-la. Daqui para frente, é necessário que as experiências de ensino de habilidades no uso da informação desenvolvidas nas escolas sejam compartilhadas. Essas experiências deveriam ser apresentadas e discutidas em eventos profissionais, a fim de se formar uma visão coletiva, necessária para que a profissão avance no seu papel de ajudar no letramento informacional. Mobilizando conhecimentos específicos da profissão, os bibliotecários poderão ajudar as pessoas a aprender com a biblioteca e com as informações.

Referências

AMERICAN ASSOCIATION OF SCHOOL LIBRARIANS/ ASSOCIATION FOR EDUCATIONAL COMMUNICATIONS AND TECHNOLOGY. *Information power*: building partnerships for learning. Chicago: ALA, 1998. p. 8-9.

BEJES, N, C.; DIAS, M. S. Orientação de pesquisa bibliográfica sistematizada em bibliotecas escolares. In: CONGRESSO BRASILEIRO DE BIBLIOTECONOMIA E DOCUMENTAÇÃO, 7., 1973, Belém. *Anais...* Belém: IBICT, 1973. p. 292-297.

CAMPELLO, B. *Letramento informacional no Brasil*: práticas educativas de bibliotecários em escolas de ensino básico. 2009. Tese (Doutorado em Ciência da Informação) – Escola de Ciência da Informação, Universidade Federal de Minas Gerais, Belo Horizonte, 2009.

CAMPELLO, B. Possibilities for implementation of information literacy programs in Brazilian school libraries: information skills in the National Curricular Standards. In: ANNUAL CONFERENCE OF THE INTERNATIONAL ASSOCIATION OF SCHOOL LIBRARIANSHIP, 35., 2006, Lisboa. *IASL reports 2006*. Lisbon: IASL, 2006. CD-ROM.

CARVALHO, M. C. Educação de usuários em bibliotecas escolares: considerações gerais. *Revista de Biblioteconomia de Brasília*, v. 9, n. 1, p. 22-29, 1981.

GARCEZ, Eliane Fioravante. Orientação à pesquisa escolar aos alunos de 5ª série de escola pública estadual: relato de experiência. In: SEMINÁRIO BIBLIOTECA ESCOLAR ESPAÇO DE AÇÃO PEDAGÓGICA, 3., 2004, Belo Horizonte. *Anais...* Belo Horizonte: Grupo de Estudos em Biblioteca Escolar da Escola de Ciência da Informação da UFMG: Associação dos Bibliotecários de Minas Gerais, 2005. p. 34-54. Disponível em: <http://www.eci.ufmg.br/gebe/downloads/302.pdf>. Acesso em: 11 nov. 2007.

KUHLTHAU, Carol. C. *Como usar a biblioteca na escola*: um programa de atividades para o ensino fundamental. Belo Horizonte: Autêntica, 2002. Traduzido e adaptado de KUHLTHAU, Carol C. *School librarian's grade-by-grade activities program*: a complete sequential skills plan for grades K-8. West Nyack, NY.: Center for Applied Research in Education, 1881.

LAAN, R. H. Van Der, FERREIRA, G. I. S. Proposta de um programa de treinamento para usuário de biblioteca escolar. CONGRESSO BRASILEIRO DE BIBLIOTECONOMIA E DOCUMENTAÇÃO, 1991, Salvador. *Anais...* Salvador: Associação Profissional dos Bibliotecários da Bahia, 1991. p. 354-361.

CAPÍTULO 3
Bases teóricas do letramento informacional na biblioteconomia

Durante muito tempo a função educativa do bibliotecário foi exercida de maneira prática e intuitiva, e o atendimento e o auxílio ao leitor feitos de maneira informal. A institucionalização ocorreu com a criação do *serviço de referência*, formalizado no primeiro congresso da American Library Association (ALA), em 1876, quando o bibliotecário norte-americano Samuel Sweet Green (1837-1918), da Worcester Free Public Library, apresentou o trabalho intitulado *The Desirableness of Establishing Personnal Intercourse and Relations Between Librarians and Readers in Popular Libraries*. A expectativa do autor era que os bibliotecários ensinassem os usuários a usar a biblioteca, respondessem às questões dos leitores e os auxiliassem a selecionar bons livros. Essa foi a primeira vez que o trabalho de referência foi formalmente discutido no âmbito da profissão.

Entretanto, o trabalho de referência tem sua abrangência limitada aos usuários que buscam a ajuda do bibliotecário de forma individualizada. As necessidades informacionais de uma clientela em expansão, representada sobretudo por alunos que buscavam educação formal, levaram ao aparecimento da *educação de usuários*; serviço que atinge um número maior de pessoas, já que utiliza estratégias coletivas de atendimento, por exemplo palestras sobre o funcionamento da biblioteca e aulas sobre o uso de fontes de informação.

A educação de usuários ampliou, portanto, a ação educativa do bibliotecário, pois, diferentemente do trabalho de referência – em que ele se dispõe a responder a questões dos leitores – tem característica proativa: vai ao encontro do usuário por meio de cursos, visitas guiadas e outras ações planejadas de ensino do uso da biblioteca e de seus recursos.

Assim, a ampliação do papel educativo do bibliotecário, que ocorreu de maneira constante em países desenvolvidos, ensejou a realização de pesquisas que, por sua vez, ajudaram a aperfeiçoar as práticas pedagógicas desse profissional. Paralelamente ao amadurecimento da profissão, que já contava com uma estrutura de formação profissional estabelecida em bases universitárias, as ações dos bibliotecários se tornaram teoricamente mais sólidas.

Jesse Shera (1903-1982) foi um dos pioneiros no processo de fundamentação teórica para a biblioteconomia, especialmente em sua faceta educativa. Diretor e professor da escola de biblioteconomia na Western Reserve University, na Califórnia (EUA), Shera tomava como base de suas reflexões o papel educativo do bibliotecário. Ele entendia que o usuário podia aprender com a informação e nesse processo, considerava crucial o papel de mediador do bibliotecário entre as pessoas e o que ele chamou de *registros gráficos*, para mostrar a diversidade de suportes que poderiam conter informações. Shera percebeu claramente as questões que essa função envolvia: de um lado, está o usuário que precisa aprender e, de outro, o aparato característico do mundo letrado a ser utilizado para aprender, ou seja, os registros gráficos. O autor enfatizou a necessidade de construir uma base de conhecimentos que permitisse melhor compreensão dos processos cognitivos, isto é, de como o usuário aprende com a informação e os fatores que poderiam influenciar seu uso. Chamou a atenção para a necessidade de entender o significado da informação expressa em símbolos que, por si só, nada significam: o sentido é dado pelo usuário.

Shera anteviu, portanto, a questão que atualmente tem sido objeto de debates na ciência da informação, que é a compreensão do conceito de informação. Ele percebia sua natureza subjetiva, enfatizada por teóricos que procuram ampliar ou substituir o conceito de informação como objeto (conforme defendido no paradigma físico da informação), vendo-a como um signo dependente da interpretação do agente cognitivo. Assim, Jesse Shera pode ser considerado pioneiro, por ter enfatizado a necessidade de pesquisas que ajudassem a compreender melhor como as pessoas aprendem por meio da informação ou, como ele dizia, a entender o processo de comunicação por meio da biblioteca, possibilitando que a mediação exercida pelo bibliotecário passasse a ser teoricamente embasada.

Atualmente a área de estudos de usuários está consolidada na biblioteconomia e na ciência da informação, e as inúmeras pesquisas sobre o tema têm ajudado a entender melhor o processo de aprendizagem baseado na busca e no uso da informação. A utilização do conceito de letramento informacional tem sido significativamente beneficiada pelos resultados desses estudos, que propiciaram um fundamento teórico para as propostas de aplicação, ao mesmo tempo que lançavam as bases para o avanço de estudos cognitivos na ciência da informação.

Nesse sentido, a pesquisadora que atualmente tem tido maior influência nas questões do letramento informacional é a norte-americana Carol Kuhlthau, que desenvolveu o modelo chamado de *Information Search Process* (ISP). Construído a partir de uma série de estudos, o modelo se fundamenta teoricamente no trabalho de três autores: John Dewey, Jerome Bruner e George Kelly. Carol Kuhlthau foi pioneira em tratar de forma aprofundada o processo de aprendizagem pela busca e pelo uso de informação, propondo fundamentos que permitiram aos bibliotecários exercer com mais consistência sua função educativa, ao mediar o processo que ocorre predominantemente na biblioteca e que propicia aos estudantes oportunidades para o desenvolvimento de diversas habilidades ligadas à informação.

Os estudos de Carol Kuhlthau tiveram início em meados da década de 1980, quando ela exercia o cargo de bibliotecária em uma escola de ensino médio nos Estados Unidos. Orientando estudantes em seus projetos escolares, ela observou que, embora familiarizados com a biblioteca e seus recursos, eles apresentavam comportamento inesperado quando ali chegavam para desenvolver o trabalho solicitado pelo professor. Mostravam-se hesitantes, pouco seguros, confusos sobre o que fazer, demonstrando falta de confiança em suas habilidades, além de pouco interesse e pouca motivação. Essa constatação desencadeou os estudos de Kuhlthau. O modelo resultante desses estudos abarcou três aspectos do processo de aprendizagem pela busca e pelo uso de informação, a saber: (a) os pensamentos sobre o assunto a ser pesquisado (dimensão cognitiva); (b) os sentimentos que tipicamente acompanham a evolução do pensamento (dimensão afetiva); (c) e as ações de buscar e usar fontes de informação (dimensão física). Além disso, é composto por seis estágios: (1) início do trabalho; (2) seleção do assunto; (3) exploração de informações; (4) definição do foco; (5) coleta de informações; (6) apresentação dos resultados; mais a avaliação do processo.

No estágio de *Início do trabalho*, os estudantes refletem sobre a tarefa proposta e identificam possíveis tópicos ou questões para pesquisar. Esse momento é geralmente caracterizado por sentimentos de incerteza e insegurança. No estágio de *Seleção do assunto* ocorre a escolha do tema de pesquisa e, ao decidir por um assunto, os estudantes experimentam sentimentos de otimismo. Sentimentos negativos, de confusão e dúvida, voltam no estágio de *Exploração de informações*, quando os estudantes percebem inconsistências e incompatibilidades nas informações e nas ideias que encontram. No estágio de *Definição do foco*, quando conseguem ter uma perspectiva focalizada a partir das informações que exploraram no estágio anterior, há sentimento de clareza e maior segurança. No estágio de *Coleta de informações*, aumenta o sentimento de confiança, quando os estudantes passam a reunir e documentar informações relacionadas especificamente ao foco estabelecido. Na *Apresentação dos resultados*, os alunos finalizam o trabalho, preparam-se para apresentá-lo ao professor e aos colegas, experimentando sentimento de satisfação, se foram bem-sucedidos, ou de desapontamento, se não consideram ter conseguido realizar um bom trabalho. A *Avaliação do processo* é o momento de rever não apenas o produto final mas principalmente a trajetória percorrida. Nessa ocasião é dada a oportunidade aos alunos de refletir sobre sua aprendizagem, consolidando habilidades passíveis de ser utilizadas em futuros projetos. Os estudos de Kuhlthau vêm influenciando significativamente pesquisas posteriores em diversos países.

Outra vertente de estudos que apoiam teoricamente o letramento informacional é aquela que procura identificar e compreender as características da pessoa competente no uso da informação. Duas autoras são representativas dessa vertente: Christina Doyle e Christine Bruce, que realizaram suas pesquisas a partir da década de 1990.

No seu estudo, realizado no âmbito do National Forum on Information Literacy, Christina Doyle utilizou a técnica de Delphi para atingir consenso de 136 participantes com relação à definição de letramento informacional e aos atributos da pessoa competente para lidar com informação. E chegou ao seguinte resultado: letramento informacional é a habilidade de acessar, avaliar e usar informação a partir de uma variedade de fontes. A definição é ampliada por dez atributos:

A pessoa competente em informação é aquela capaz de:

1. reconhecer a necessidade de informação;
2. reconhecer que informações acuradas e completas são a base para a tomada de decisões inteligentes;
3. formular questões baseadas na necessidade de informação;
4. identificar fontes de informação potenciais:
5. desenvolver estratégias de busca adequadas;
6. acessar fontes de informação inclusive as eletrônicas;
7. avaliar informações;
8. organizar informações para aplicações práticas;
9. integrar novas informações ao corpo de conhecimentos existente;
10. usar informações para pensar criticamente e para solucionar problemas.

A significativa influência desse estudo pode ser observada principalmente no documento *Information Power*, que define as diretrizes para programas de letramento informacional em bibliotecas escolares dos Estados Unidos.[2]

A pesquisadora australiana Christine Bruce, por sua vez, utilizou a fenomenografia para criar um mode-

---

[2] Uma descrição mais detalhada do *Information Power* encontra-se no Capítulo 2.

lo relacional que trata o letramento informacional como um fenômeno experimentado por pessoas que interagem intensivamente com o aparato informacional, isto é, que usam informação de forma competente, principalmente em suas atividades profissionais. O letramento informacional é descrito em termos dos diversos modos como é vivenciado pelas pessoas. As concepções daí resultantes representam não atributos individuais, como conhecimentos, habilidades e atitudes que o indivíduo precisa dominar para ser competente no uso da informação, mas as diferentes relações entre usuário e informação. Nessa perspectiva, os atributos assumem posição secundária, e o mais importante são as diferentes maneiras de conceber o que significa ser competente em determinada situação; no caso, o modo como a pessoa interage com a informação. As sete concepções ou experiências que compreendem o fenômeno do letramento informacional de Christine Bruce são:

1. *experiência da tecnologia da informação*: o letramento informacional é concebido como a prática de usar a tecnologia para recuperar informações e se comunicar;
2. *experiência das fontes de informação*: o letramento informacional é experimentado como a capacidade de buscar informações em fontes apropriadas;
3. *experiência do processo de informação*: o letramento informacional é experimentado como a capacidade de implementar processos de busca de informação, de reconhecer a necessidade de informação em determinadas circunstâncias e de usar as informações encontradas para resolver um problema ou tomar uma decisão;
4. *experiência do controle da informação*: o letramento informacional é experimentado como a ação de

encontrar informações relevantes e de gerenciá-las ou manipulá-las para torná-las recuperáveis, utilizando determinados instrumentos ou estratégias (que podem ser um arquivo manual, um programa de computador ou o próprio cérebro);

5. *experiência de construção do conhecimento*: o letramento informacional é experimentado como a capacidade de construir uma base pessoal de conhecimento em novas áreas de interesse;

6. *experiência da extensão do conhecimento*: o letramento informacional é vivenciado como a capacidade de trabalhar na perspectiva de conhecimento pessoal, de tal forma que resulta geralmente no desenvolvimento de ideias originais ou soluções criativas;

7. *experiência da sabedoria*: o letramento informacional é percebido como o uso de informações de forma sábia, para benefício de outros.

Os trabalhos dessas três autoras podem ser considerados representativos do conjunto de pesquisas que têm sido realizadas para a melhor compreensão da questão do letramento informacional, e do papel educativo do bibliotecário.

Podem-se observar avanços em pesquisas mais recentes que procuram demonstrar os resultados da aprendizagem pela busca e pelo uso de informação. Nessa linha, inclui-se o trabalho de Ross Todd, do Center for International Scholarship in School Libraries (CISSL), em que se estudou uma classe de 43 alunos engajados em um projeto de pesquisa. O objetivo do estudo foi entender o processo de construção de conhecimento, que envolve o uso continuado e frequente de variadas fontes de informação e, ao mesmo tempo, verificar o impacto de um ambiente de aprendizagem positivo e facilitador, que utiliza a estratégia de pesquisa orientada. Nesse ambiente, foram oferecidas aos estudantes, durante a realização de um trabalho de pesquisa solicitado pelo professor, oportunidades de expor suas ideias e descobertas. Além disso, os critérios de avaliação do trabalho foram claramente explicitados e, principalmente, houve mediação adequada de professores e bibliotecário em cada estágio do processo. Criou-se, assim, uma situação de aprendizagem colaborativa. Os resultados mostraram que esses fatores tiveram impacto positivo na aprendizagem, evidenciado por um aumento da qualidade intelectual: as representações de conhecimento dos estudantes transformaram-se de simplistas, superficiais e desestruturadas para representações causais, preditivas e reflexivas. Houve melhoria em sua capacidade de estruturar ideias e conceitos: os alunos passaram a usar uma terminologia mais específica, com explicações sobre os termos utilizados. O uso de fontes de informação também foi se aperfeiçoando, evoluindo das gerais para as específicas, que abordavam o tema com maior profundidade. Houve também o desenvolvimento da capacidade de lidar com informações conflitantes e de falar sobre o tema mais detalhadamente, explicitando suas necessidades de informação.

Assim, verifica-se que as ações de letramento informacional estão sendo favorecidas por pesquisas que, cada vez mais, aprofundam as questões de aprendizagem, permitindo aos mediadores, entre eles, o bibliotecário, orientar a pesquisa escolar com mais segurança e competência. Ao integrar em seus estudos conhecimentos da área de educação – especialmente teorias construtivistas de aprendizagem – os pesquisadores da biblioteconomia e da ciência da informação fortalecem as bases teóricas e ampliam o entendimento da questão. Dessa forma, propiciam aos bibliotecários melhores condições para trabalhar de forma colaborativa com os profissionais da educação, ocupando seu espaço no processo de ajudar as pessoas a aprender e a produzir conhecimento por meio da informação.

Referências

BRUCE, C. *The seven faces of information literacy*. Adelaide: Auslib Press, 1997. 203 p.

CAPURRO, R. Epistemologia e ciência da informação. In: ENCONTRO NACIONAL DE PESQUISA EM CIENCIA DA INFORMAÇAO, 5., 2003, Belo Horizonte. *Anais* ... Belo Horizonte: Escola de Ciência da Informação da UFMG, 2003.

DOYLE, C. *Outcome measures for information literacy within the national education goals of 1990*: final report of the National Forum on Information Literacy. Summary of findings. Washington, DC: US Department of Education, 1992. (ERIC document no; ED 351033). Disponível em: <http://www.ed.gov/databases/ERIC_Digests/ed372756.html> Acesso em: 09 jan. 2006.

KUHLTHAU, C. C. O papel da biblioteca escolar no processo de aprendizagem. In: SEMINARIO BIBLIOTECA ESCOLAR ESPAÇO DE AÇÃO PEDAGÓGICA, 1., 1998, Belo Horizonte. *Trabalhos apresentados*. Belo Horizonte: Escola de Biblioteconomia da UFMG/Associação dos Bibliotecários de Minas Gerais, 1998. p. 4-14. Disponível em <http://www.eci.ufmg.br/gebe/downloads/103.pdf>. Acesso em: 19 mar. 2008.

KUHLTHAU, C. C. *Seeking meaning*: a process approach to library and information services. Norwood, NJ.: Ablex, 1996b. 199 p.

SHERA, J. H. *Knowing books and men*: knowing computers, too. Littleton, Colo.: Libraries Unlimited, 1973.

SHERA, J. H. *The foundations of education for librarianship*. New York: Becker and Hayes, 1972.

TODD, R. School librarians and educational leadership: productive pedagogy for the information age school. In: LEE, S. et al. (Eds.). *IASL Reports 2005*: information leadership in a culture of change. Erie, PA: International Association of School Librarianship, 2005. Disponível em: <http://www.iasl-slo.org/proceedings2005.html>. Acesso em: 06 jan. 2006.

TYCKOSON, D. What we do: reaffirming the founding principles of reference services. *Reference Librarian*, n. 59, p. 3-13, 1997.

Capítulo 4
Pesquisa orientada

O envolvimento do bibliotecário com a pesquisa escolar se dá de diferentes maneiras, por exemplo, quando o professor solicita um trabalho aos estudantes e informa o bibliotecário sobre o tema. Ele, então, separa o material que existe sobre o assunto na biblioteca, seleciona na internet *sites* apropriados e repassa para os estudantes, quando eles vão à biblioteca realizar a tarefa. Nesse caso, há baixo grau de envolvimento do bibliotecário na pesquisa escolar. Maior envolvimento ocorre quando orienta os alunos na utilização de fontes de informação, mostrando possibilidades de acesso e explicando detalhes sobre seu uso; ensinando-lhes, por exemplo, a utilizar índices de enciclopédias e almanaques. Às vezes, orienta também na elaboração do trabalho escrito, no que diz respeito à apresentação e à normalização. Essas são formas de intervenção do bibliotecário na pesquisa escolar observadas em bibliotecas brasileiras.

Em países adiantados, bibliotecários que atuam no ensino básico têm tido maior envolvimento na pesquisa escolar, o que os levou a se familiarizar com teorias educacionais construtivistas. Isso se explica porque a pesquisa é escolar uma estratégia didática que pressupõe o envolvimento ativo do estudante na construção de seu conhecimento, utilizando variadas fontes de informação. Durante esse processo, o aluno tem oportunidade de aprender e desenvolver habilidades de busca e uso de informação, ponto em que a participação do bibliotecário é fundamental. Sua participação na pesquisa escolar vem se consolidando, apoiada em estudos realizados por pesquisadores da área de biblioteconomia e ciência da informação, que investigam como as pessoas aprendem através da busca e do uso de informações.

Os estudos mais interessantes sobre o assunto foram realizados pela pesquisadora norte-americana Carol Kuhlthau, que desenvolveu o modelo chamado de *Processo de Busca de Informação* (em inglês, *Information Search Process* ou ISP), que explica como o aluno avança no processo de pesquisa. O ISP ajuda a identificar ações, pensamentos e sentimentos dos alunos ao longo do processo, possibilitando uma mediação adequada em cada estágio.[3]

Atualmente, ao lado de outros pesquisadores do Center for International Scholarship in School Libraries (CISSL), Carol Kuhlthau explora o conceito de *pesquisa orientada* (em inglês, *guided inquiry*), utilizando como referencial teórico, além do ISP, autores da linha construtivista. A *pesquisa orientada* é definida como a intervenção do professor e do bibliotecário, cuidadosamente planejada e supervisionada, para orientar os alunos na exploração de temas curriculares. Essa intervenção visa propiciar melhores condições para a aprendizagem, levando à compreensão profunda do assunto estudado, ajudando os alunos a se capacitar gradualmente para aprender de forma independente e a desenvolver pontos de vista e perspectivas próprios.

A *pesquisa orientada* é, portanto, estratégia didática característica da aprendizagem construtivista. No livro em que introduz o conceito e reúne as noções que o

---

[3] O ISP é descrito com mais detalhes no Capítulo 3.

sustentam, Carol Kuhlthau e suas colaboradoras sintetizaram as principais ideias de teóricos da educação e da psicologia que fundamentam o conceito. Essas ideias foram resumidas em seis princípios:
- o estudante aprende ao se envolver ativamente com a aprendizagem e ao refletir sobre suas experiências;
- aprende construindo conhecimentos a partir do que já sabe;
- desenvolve pensamentos de ordem superior por meio de mediação em pontos críticos do processo de aprendizagem;
- cada aluno tem maneiras diferentes de aprender;
- aprende através de interações sociais;
- aprende por meio de mediação, de acordo com seu desenvolvimento cognitivo.

Formuladas principalmente com base nas ideias de John Dewey, George Kelly, Jerome Bruner, David Ausubel, Jean Piaget, Howard Gardner e Lev Vygotsky, essas noções constituem o cerne da *pesquisa orientada* e proporcionam a estrutura conceitual para ajudar no planejamento e na implementação de intervenções que possibilitem a aprendizagem efetiva, por meio da pesquisa escolar que envolve a busca e o uso da informação. A *pesquisa orientada* integra conhecimentos da biblioteconomia, da ciência da informação e da educação, numa interdisciplinaridade que, na prática, propicia o trabalho colaborativo de professores e bibliotecários.

ఈ *O estudante aprende ao se envolver ativamente com a aprendizagem e refletir sobre suas experiências*

Essa noção foi desenvolvida principalmente pelo educador e teórico norte-americano John Dewey (1859-

1952), que descreveu a aprendizagem como um processo ativo que ocorre através da combinação de ação e reflexão. Dewey enfatizou a ideia de que as pessoas aprendem fazendo, e de que a experiência anterior e o questionamento são essenciais para que a aprendizagem significativa ocorra. Mais tarde, o psicólogo norte-americano Jerome Bruner, professor de Psicologia na Universidade de Nova York (EUA), ampliou essas ideias e confirmou, por meio de suas pesquisas, que as pessoas aprendem quando estão ativamente envolvidas no processo de encontrar significados. Para Bruner, a estrutura cognitiva (esquemas e modelos mentais) fornece significado e organização para as experiências, e permite ao indivíduo "ir além da informação dada"; significando que os estudantes não são receptores passivos de informações. Na *pesquisa orientada* eles são estimulados a refletir continuamente ao longo do processo de pesquisa, avaliando criticamente as informações e ideias que encontram.

- *O estudante aprende construindo conhecimentos a partir do que já sabe*

Experiências e conhecimentos anteriores formam a base para a construção de novos conhecimentos, portanto a conexão dos saberes é essencial para construir novas compreensões e significados. O psicólogo e pesquisador norte-americano David Ausubel (1918-) verificou que esse é um dos fatores mais importantes na aprendizagem e que ela ocorre quando novas informações ancoram-se nos conceitos relevantes já existentes na estrutura cognitiva do aprendiz. Relacionadas a isso, existem evidências de que o estudante se envolve mais com o processo de aprendizagem quando ele próprio escolhe assuntos de pesquisa do que quando o professor impõe o tema. O desafio para os educadores é, portanto, motivar a escolha de temas que estejam relacionados ao currículo, mas que, ao mesmo tempo, sejam de interesse dos alunos. Na *pesquisa orientada*, as autoras usam o conceito de *terceiro espaço* para caracterizar situações em que vivências reais dos estudantes são levadas em consideração para criar questões de pesquisa significativas e motivadoras. Isoladamente, as experiências dos estudantes constituiriam o *primeiro espaço* e os conteúdos curriculares, o *segundo espaço*. O terceiro espaço seria a aglutinação dos dois, um espaço híbrido, no qual a cultura dos estudantes – seu conhecimento, muitas vezes construído fora da escola – seria potencializada para tornar mais significativos os conteúdos curriculares formais.

- *O estudante desenvolve pensamentos de ordem superior por meio de mediação em pontos críticos do processo de aprendizagem*

Infelizmente, sabe-se que muitos trabalhos escolares são feitos a partir de perspectivas simples e superficiais. Por exemplo, quando solicita uma pesquisa aos estudantes, o professor geralmente define o tema e espera que, ao final de determinado tempo, eles apareçam com o trabalho pronto. Esse tipo de tarefa não favorece o raciocínio profundo, o qual exige envolvimento e motivação, além de intervenção adequada em estágios críticos do processo. A noção de *zona de desenvolvimento proximal* é um princípio essencial na pesquisa orientada, e ajuda a entender quando e como interferir. Essa noção foi estabelecida pelo pesquisador e professor russo Lev Vygotsky (1896-1934) e é descrita como a distância entre aquilo que a pessoa é capaz de fazer sozinha, de forma autônoma, e aquilo que realiza quando há orientação de um adulto experiente ou colegas mais adiantados.

Em outras palavras, o estudante pode ter potencial para aprender com orientação coisas que não poderia aprender sozinho. Para Vygotsky, o nível potencial indica o desenvolvimento mental da pessoa. O amadurecimento se dará por intervenções pedagógicas adequadas. Assim, em alguns momentos a intervenção torna-se essencial e em outros desnecessária. Por exemplo, como mostra o ISP, os estudantes têm dificuldade no início da pesquisa e muitos se mostram confusos e inseguros para prosseguir a tarefa. Esse sentimento de insegurança é indicador da necessidade de intervenção: é a *zona de intervenção* na *pesquisa orientada*. O tipo de intervenção pode variar, envolvendo algumas vezes encontros com toda a classe, outras apenas com determinados grupos, e ocasionalmente pode ser necessária a orientação individual.

❧ Cada aluno tem maneiras diferentes de aprender

Sabe-se hoje que a aprendizagem é uma experiência holística e que existem várias maneiras de aprender. Os alunos aprendem por meio de todos os sentidos, mobilizando capacidades físicas, mentais e sociais para construir significados e compreensões. Ações como ler, ouvir, ver, observar, escrever, falar, dialogar, visualizar, representar e produzir podem proporcionar experiências ricas de aprendizagem. O conceito de múltiplas inteligências – desenvolvido por Howard Gardner, professor da Universidade de Harvard (EUA), que identifica as capacidades linguística, pictórico/espacial, lógico/matemática, cinético/corporal, musical, interpessoal, intrapessoal e naturalística – ajuda a entender as diversas maneiras de aprender e mostra que cada pessoa se sobressai em uma ou mais de uma delas. Na *pesquisa orientada*, os estudantes aprendem utilizando ampla variedade de fontes de informação. Cada estágio da pesquisa escolar, conforme mostra o ISP, demanda o uso de fontes diferentes. Além das tradicionais fontes impressas, utilizam-se materiais da internet, que combinam textos e imagens, objetos de museus e outros que propiciam maneiras diferentes de aprender.

ꙮ *O aluno aprende através de interações sociais*

As pessoas vivem em um ambiente social em que estão constantemente aprendendo por meio de interações com outros à sua volta. Pais, amigos, irmãos, professores, conhecidos e estranhos são parte desse ambiente, que constitui o meio no qual os alunos estão construindo significados e compreensões do mundo. Vygotsky, responsável pela teoria do desenvolvimento social, descobriu que as interações sociais influenciam profundamente o desenvolvimento cognitivo. Mostrou que o processo de desenvolvimento é dependente de interações sociais e que esse aprendizado social leva ao desenvolvimento cognitivo. Por outro lado, sabe-se que a aprendizagem é resultado das tentativas da pessoa de lidar com suas experiências. O pesquisador norte-americano George Kelly (1905-1967), que desenvolveu a teoria dos construtos pessoais, descobriu que o conhecimento é construído de acordo com as experiências do indivíduo, que desenvolve hipóteses para ajustar e lhes dar sentido. Essas hipóteses ou moldes foram chamadas por Kelly de *construtos*. Na *pesquisa orientada* busca-se o equilíbrio entre os aspectos social e individual da aprendizagem, evitando tarefas individualizadas, criando oportunidades para interações sociais e propiciando um ambiente de colaboração, em que o aluno possa compartilhar suas descobertas. Mas, ao mesmo tempo, cuidando para que que no grupo haja espaço para aprendizagem individual significativa.

◆ *O estudante aprende por meio de mediação, de acordo com seu desenvolvimento cognitivo*

Os teóricos do construtivismo reconhecem que o desenvolvimento cognitivo é um fator importante na aprendizagem. Os alunos progridem através de estágios de desenvolvimento cognitivo e sua capacidade para o pensamento abstrato aumenta ao longo do tempo. É um processo complexo que envolve ações de pensar, agir e refletir, descobrir e conectar ideias, desenvolvendo e transformando conhecimentos, habilidades, atitudes e valores. Esse processo ficou bem conhecido através da teoria do desenvolvimento cognitivo do pesquisador suíço Jean Piaget (1896-1980), que pressupõe que os indivíduos passam por uma série de mudanças ordenadas e previsíveis.

São estágios que, embora não totalmente fixos, ajudam a entender a natureza do desenvolvimento cognitivo. No contexto da *pesquisa orientada* considera-se que a aprendizagem independente pela pesquisa possa ocorrer a partir do início da escolarização, desde que se conte com mediação e atividades adequadas ao estágio de desenvolvimento em questão. Bruner reconheceu a importância de se introduzir desde cedo ideias e estilos de aprendizagem posteriormente utilizados na vida adulta; e propôs o *currículo em espiral*, compatível com o estágio cognitivo do aluno, que ao longo de sua escolarização é estimulado a desenvolver paulatinamente capacidades de pensamento abstrato e aprendizagem independente.

Embora desenvolvido por pesquisadores norte-americanos, o conceito de *pesquisa orientada* não é estranho no Brasil. A maioria dos educadores brasileiros está bem familiarizada com as teorias construtivistas de aprendizagem, nas quais aquele conceito se embasa. Os autores citados tiveram suas principais obras traduzidas para o português, e muitos estudiosos brasileiros vêm desenvolvendo trabalhos sobre educação pela pesquisa na linha construtivista. Um dos mais conhecidos é Pedro Demo, pesquisador na Universidade de Brasília. Ele acredita que as propostas instrucionistas, que caracterizam ainda as diretrizes educacionais, devem ser substituídas pelo que chama de *questionamento reconstrutivo*. No instrucionismo, "cabe ao professor ensinar, dar aula, e ao aluno escutar, tomar nota e fazer prova". No questionamento reconstrutivo o estudante pesquisa, "elabora com mão própria", sob orientação do professor, em processo que corresponde à pesquisa orientada. Pedro Demo prefere o termo *reconstrutivo*, em vez de construtivo, porque, segundo ele, quando está aprendendo, o estudante parte do conhecimento que já detém, aprendendo a partir do que já está aprendido. Em seu livro *Aprender a pensar*, o autor elabora em profundidade a ideia da pesquisa como princípio educativo, estratégia didática fundamental para formar sujeitos autônomos, que saibam produzir seus próprios conhecimentos.

Também os *Parâmetros Curriculares Nacionais* (PCN), diretrizes nacionais para o currículo de escolas de ensino básico, foram elaborados na linha construtivista, fundamentando-se em autores da psicologia genética e da teoria sociointeracionista. O documento integra, portanto, ideias dos autores citados e se complementa com outras como as de Paulo Freire (1921-1997) e César Coll. Este último, professor da Faculdade de Psicologia da Universidade de Barcelona (Espanha), foi consultor do Ministério da Educação do Brasil entre 1995 e 1996, e principal colaborador na elaboração dos PCN.

Muitas escolas brasileiras têm seus projetos político-pedagógicos elaborados na linha construtivista e, apesar de inúmeras dificuldades, vêm buscando formas de implementar estratégias de aprendizagem construtivistas, como a aprendizagem por projetos.

No que diz respeito aos estudos acadêmicos sobre a aprendizagem pela pesquisa, já existem pesquisadores brasileiros nas áreas de biblioteconomia e da ciência da informação, como Bernadete Campello e Vera Lúcia Abreu, que, através de seus estudos, mostraram não haver diferenças significativas entre alunos norte-americanos e brasileiros quanto ao processo de aprendizagem por meio da busca e do uso de informação. Ou seja, eles passam pelos mesmos estágios e experimentam sentimentos similares ao realizar os trabalhos de pesquisa solicitados pelos professores.

O interesse que a *pesquisa orientada* tem despertado entre os bibliotecários liga-se ao fato de que a biblioteca escolar é considerada fundamental para a implementação do conceito. Carol Kuhlthau e suas colaboradoras, com base nas evidências reunidas nos últimos 40 anos, que comprovam as potencialidades da biblioteca para a aprendizagem, enfatizam as características de bibliotecas capazes de exercer essa influência. Elas devem possuir recursos informacionais adequados, isto é, coleção atualizada e diversificada em termos de materiais. Esses materiais precisam ser apropriados aos níveis de desenvolvimento dos alunos e alinhados com os requisitos curriculares, propiciando a base para que os estudantes descubram e construam novas ideias. Devem também contar com bibliotecários que "façam a biblioteca funcionar". Além de organizadores e administradores da biblioteca, esses bibliotecários colaboram com os professores e outros membros da equipe pedagógica, no planejamento e na execução de estratégias didáticas que envolvam o uso dos recursos da biblioteca e o desenvolvimento de habilidades informacionais.

Para os bibliotecários brasileiros, a *pesquisa orientada* pode constituir a estrutura conceitual que ajuda a ampliar o papel desses profissionais na escola. Até o momento, os bibliotecários no Brasil se limitaram a identificar os problemas relativos à pesquisa escolar, que podem ser assim resumidos: os alunos não entendem o objetivo do trabalho, o professor não os orienta de forma adequada, o tempo para elaboração do trabalho é curto e, como consequência, ocorre a conhecida "cópia", que, atualmente, em tempos de internet, se transformou no "corta e cola". Sabe-se que esses problemas se originam de causas complexas e que os professores estão cientes dessas deficiências, mas têm dificuldades em superá-las. O bibliotecário pode, então, tornar-se aliado do professor para encontrar formas de fazer da pesquisa escolar uma estratégia eficiente, compartilhando experiências e dividindo responsabilidades com relação à aprendizagem dos estudantes.

A função pedagógica do bibliotecário pode ser ampliada, portanto, para incluir ações além da promoção da leitura, ao tornar visível o potencial da biblioteca na aprendizagem, não por meio de discursos idealistas e sedutores, mas de evidências que comprovem claramente como a aprendizagem por meio dos recursos da biblioteca pode influir na qualidade dos resultados escolares.

Referências

AUSUBEL, D.; NOVAK, J.; HANESIAN, H. *Psicologia educacional*. Rio de Janeiro: Interamericana, 1980.

BRASIL. Ministério da Educação e do Desporto. Secretaria de Educação Fundamental. *Parâmetros Curriculares Nacionais*: introdução. Brasília, 1997.

BRUNER, J. *Uma nova teoria da aprendizagem*. Rio de Janeiro: Bloch, 1969.

DEMO, Pedro. *Saber pensar*. 5. ed. São Paulo: Cortez / Instituto Paulo Freire, 2007.

DEWEY, J. *Democracia e educação*: introdução à filosofia da educação. São Paulo: Nacional, 1979.

GARDNER, H. *Estruturas da mente*: teoria das inteligências múltiplas. Porto Alegre: Artmed, 1994.

KUHLTHAU, C.; MANIOTES, L.; CASPARI, A. *Guided inquiry*: learning in the 21st century. Westport: Libraries Unlimited, 2007.

PIAGET, J. *Epistemologia genética*. São Paulo: Martins Fontes, 1990.

REGO, T. C. *Vygotsky*: uma perspectiva histórico-cultural da educação. 16. ed. Petrópolis: Vozes, 2004.

VYGOTSKY, L.S. *Pensamento e linguagem*. 2. ed. São Paulo: Martins Fontes, 1989.

Capítulo 5
Colaboração do bibliotecário com a equipe pedagógica

Os autores que escrevem sobre biblioteca escolar no Brasil enfatizam constantemente a necessidade de colaboração entre o bibliotecário e os demais membros da equipe pedagógica da escola, principalmente o professor. Em seu discurso, aconselham o bibliotecário a participar efetivamente das atividades escolares, isto é, de reuniões pedagógicas, do planejamento de projetos e do processo de elaboração curricular. E, é claro, a desenvolver atividades com os alunos. Reforçam que é necessário o entrosamento entre a biblioteca e a escola, que o bibliotecário deve atuar em consonância com a sala de aula e interagir de modo harmonioso com o corpo docente. Os textos são unânimes em afirmar a importância dessa colaboração, considerando-a responsável pelo êxito da biblioteca como recurso de aprendizagem. Na ênfase dada à importância da colaboração está implícita a crença já arraigada de que o bibliotecário é um profissional que gosta de trabalhar isolado, portanto precisa ser estimulado a abandonar esse comportamento indesejável e passar a participar mais da vida da escola.

O passo seguinte é a busca de "culpados". A culpa pelo isolamento da biblioteca da vida escolar é geralmente dividida entre professores e bibliotecários. Os primeiros são acusados de não reconhecer a importância da biblioteca e de usar estratégias antiquadas de ensino, centrando sua ação didática em aulas expositivas e prescindindo do apoio do bibliotecário. Os bibliotecários, por sua vez, são acusados de possuir formação deficiente para orientar alunos, tendendo a "se fechar nos seus domínios".

De fato, não se pode negar que o trabalho conjunto está sendo considerado cada vez mais importante e todas as organizações – não só a escola – que se preocupam em ampliar a base de conhecimento de seus membros, estão interessadas nas questões relativas ao trabalho colaborativo de suas equipe. Muitos estudos têm sido realizados sobre o assunto, no âmbito da psicologia, da administração e da educação, permitindo entender as características da colaboração e clareando aspectos complexos da questão. No caso do bibliotecário, ao assumir sua função educativa, ele passa a ter que interagir com a equipe pedagógica de forma mais intensa e, a partir daí, aspectos ligados a esse processo começam a interessar à profissão. Entretanto, a questão – que é complexa – tem sido tratada de forma vaga e superficial na área de biblioteconomia, e os textos que a abordam não se aprofundam suficientemente para aumentar a compreensão do problema, e muito menos apontar caminhos para sua solução.

Ultimamente, o assunto vem sendo tratado de modo mais objetivo. Por exemplo, Patrícia Montiel-Overall, professora da School of Information Resources & Library Science da University of Arizona (EUA), delineou uma estrutura conceitual para representar o processo de colaboração entre o bibliotecário e os demais membros da equipe pedagógica estabelecendo graus crescentes de complexidade, dependendo do papel que o bibliotecário exerce na escola.

Quando o bibliotecário desempenha apenas a função *organizadora*, atuando no sentido de organizar e disponibilizar a coleção da biblioteca, a necessidade de colaboração é praticamente nula, mas aumenta se o bibliotecário atua na seleção e na aquisição dos materiais. Nesse caso, ele precisa ter conhecimento dos projetos e dos planos da escola para escolher e adquirir os materiais adequados. Para isso, precisa contar com a colaboração dos professores.

A colaboração se torna especialmente importante quando o bibliotecário desempenha funções diretamente ligadas à aprendizagem e desenvolve atividades com os estudantes. O tipo de colaboração depende do grau de intervenção do bibliotecário no processo de aprendizagem. Os níveis de colaboração no modelo de Montiel-Overall são: coordenação, cooperação, instrução integrada e currículo integrado.

Coordenação

Quando o bibliotecário desenvolve atividades esporádicas e pontuais junto aos alunos, por exemplo, dando palestras para os novatos no início do período letivo a fim de explicar o funcionamento da biblioteca, a localização dos materiais, os regulamentos, as normas e os recursos disponíveis, a colaboração com os professores se limita a encontros para estabelecer horários e organizar o esquema das palestras. Esse é o primeiro nível de colaboração e é chamado de *coordenação*. Outra situação em que a colaboração se dá no nível de *coordenação* é quando o bibliotecário acerta com o professor o horário de os alunos irem à biblioteca escolher livros para empréstimo, ouvir histórias ou buscar informação para um trabalho escolar. Ou ainda quando o bibliotecário e o professor precisam dividir responsabilidades para organizar exposições, feiras de livros ou encontros com escritores. Percebe-se que nesse nível a colaboração envolve mais a ideia de eficiência, de sincronia do que a de proporcionar aos alunos experiências de aprendizagem. Embora haja certa aproximação, bibliotecário e professor ainda trabalham independentemente. Entretanto, esse pode constituir o primeiro passo para o trabalho colaborativo.

Cooperação

Quando o bibliotecário é informado sobre o trabalho de pesquisa solicitado pelo professor, separa o material adequado, auxilia os alunos na localização e no uso das diversas fontes de informação, fornece instruções para normalização do trabalho escrito, ocorre o segundo nível de interação, chamado de *cooperação*. Nesse nível, há maior colaboração com o professor, já que o bibliotecário precisa pelo menos tomar conhecimento dos objetivos do trabalho solicitado. Há pouco planejamento conjunto, e o trabalho do bibliotecário é percebido como apoio para o professor. Embora a colaboração nesse nível seja marcada pela preponderância da ação do professor, ela pode contribuir para despertar a confiança mútua, que constitui a base para trabalhos efetivos em colaboração.

Instrução integrada (integrated instruction)

Na *instrução integrada*, o envolvimento e o comprometimento do professor e do bibliotecário aumentam, já que nesse nível há planejamento, implementação e avaliação das atividades em conjunto, com objetivos comuns e compartilhados. Busca-se o desenvolvimento de oportunidades de aprendizagem inovadora, integrando as competências de ambos, representadas pelo domínio do conteúdo (por parte do professor) e de habilidades informacionais (por parte do bibliotecário), em sequência lógica que beneficie a aprendizagem. Nesse caso, o bibliotecário pode exercer também o papel de professor, trabalhando lado a lado com o responsável pela matéria, contribuindo com sua competência específica para enriquecer a aprendizagem dos estudantes. Ocorre quando o bibliotecário, além de ensinar a identificar e localizar fontes, orienta o aluno no uso da informação para responder à questão de pesquisa ou desenvolver a atividade proposta pelo professor. Nesse nível, o trabalho do professor e o do bibliotecário são equiparados.

Currículo integrado (integrated curriculum)

No nível de *currículo integrado*, pressupõe-se a colaboração do bibliotecário com todos os professores, já que as atividades da biblioteca estão integradas ao currículo da escola, por meio de amplo programa de letramento informacional que atinja todas as classes. A competência do bibliotecário para ensinar habilidades informacionais é reconhecida e utilizada para criar experiências significativas de aprendizagem. Ele se envolve continuamente com os professores, além de participar de encontros para discutir mudanças curriculares ou de comissões de desenvolvimento curricular. Nesse nível, o envolvimento com a direção da escola é fundamental, já que é preciso garantir o tempo para encontros e discussões, os recursos para o desenvolvimento das atividades e a criação de clima propício para o trabalho colaborativo.

Abordando-se a colaboração dessa forma, percebe-se que ela não constitui um fim em si mesma, mas é resultado dos papeis que o bibliotecário exerce na escola.

A prática dos bibliotecários de bibliotecas escolares no Brasil reflete a importância que eles conferem à colaboração com os professores. Esses bibliotecários reconhecem que, para exercer seu papel educativo de forma adequada, precisam trabalhar com o apoio da equipe pedagógica e dos professores. Utilizam palavras como *apoio, parceria, envolvimento* e *sintonia* para caracterizar essa relação.

Os bibliotecários brasileiros, no entanto, percebem as dificuldades associadas a essa relação. Consideram que o professor recorre pouco à biblioteca para suas atividades didáticas, mostrando resistência e às vezes desinteresse em utilizá-la. Notam certo desconhecimento do processo de pesquisa escolar por parte dos professores, que não se envolvem suficientemente na orientação, e deixam muitas vezes os alunos "soltos" na biblioteca.

Há também o fator competitividade quando o professor, trabalhando em projetos que envolvem a biblioteca, quer ter total autonomia, o que dificulta a colaboração. Em alguns casos, os professores veem os bibliotecários como um risco, uma ameaça de mudança que o uso da biblioteca pode representar em sua prática pedagógica.

Entendendo a importância da colaboração e os problemas que a permeiam, os bibliotecários buscam soluções para garantir a parceria dos professores nas atividades da biblioteca. Antes de tudo, procuram maneiras de atraí-los e, através de trabalho persistente, abrir canais de comunicação. Quando toma a iniciativa de propor um projeto, o bibliotecário procura a aprovação, não só dos dirigentes mas também dos professores, dando esclarecimentos e buscando garantir a adesão, seja formalmente, seja motivando e estimulando a participação. É comum também a biblioteca participar de projetos coletivos da escola, como festas comemorativas ou eventos culturais. A colaboração, nesse caso, é caracterizada como *coordenação,* nível em que cada participante desenvolve atividades distintas ou desempenha funções específicas, que devem ser sincronizadas para que se obtenha bom resultado.

A colaboração do bibliotecário no âmbito da pesquisa escolar acontece geralmente, quando o professor, antes de iniciar um projeto que requeira a utilização de materiais da biblioteca, procura o bibliotecário para informá-lo sobre detalhes, especialmente o tema a ser abordado no trabalho. Antecipadamente, o bibliotecário verifica e separa o material disponível. É o nível chamado de *cooperação*, em que o bibliotecário atua apoiando o trabalho do professor.

Há casos em que o bibliotecário participa mais ativamente no processo de pesquisa escolar, dando assistência direta ao estudante, orientando-o sobre como usar as fontes de informação e como normalizar o trabalho escrito. É um tipo de colaboração que se dá no nível da *instrução integrada*.

Percebe-se, portanto, que os bibliotecários brasileiros não só entendem a importância do trabalho com os professores como também atuam em diversos níveis de colaboração na escola. Estão, assim, dando os passos necessários para atingir o quarto nível de colaboração (*currículo integrado*), quando estarão interagindo com a escola como um todo, integrando às atividades da biblioteca alunos e professores, no bojo de um programa de letramento informacional que atinja toda a comunidade escolar.

Qualquer que seja o nível de colaboração para que o bibliotecário exerça determinado papel, ele deve ter clareza dos fatores necessários ao êxito de sua prática.

Há evidências baseadas em estudos científicos de que, em todos os graus de colaboração anteriormente descritos, alguns atributos devem estar presentes, e esses atributos não surgem espontaneamente, mas precisam ser construídos e mantidos ao longo do tempo.

É preciso um ambiente amistoso, em que haja um mínimo de concordância e afinidade. Além disso, deve haver confiança, respeito, propensão para compartilhar ideias, reconhecimento das competências, reciprocidade, capacidade de comunicação, diálogo frequente e comprometimento.

Percebe-se que construir e manter esse clima não é tarefa fácil. Embora muitas escolas estejam se esforçando para institucionalizar um ambiente de trabalho colaborativo, considerado necessário para criar comunidades de aprendizagem, dificuldades existem em abundância. Sabe-se que na maioria das escolas há uma cultura de isolamento e individualismo, característica que, ao lado da competitividade, costuma identificar o comportamento do professor. Na verdade, esse comportamento é reforçado pela falta de incentivos à atividade colaborativa, e o fato de não disporem de tempo para isso é a principal razão de sua atitude individualista. Junte-se a isso o fato de que os professores preferem trabalhar numa "zona de conforto", que não exija mudanças, aceitação de novas ideias ou aumento de carga de trabalho. E a chegada de novos membros, geralmente entusiasmados com novos métodos de aprendizagem ou com novas tecnologias, pode constituir uma ameaça.

Embora diversas escolas tenham projetos pedagógicos propondo uma política de colaboração, e diretores que apoiam a ideia, a realidade pode ser bem diferente, dadas as dificuldades para sua implementação.

Concluindo, podemos dizer que a colaboração tem de ser tratada no contexto tanto da cultura e da prática escolares quanto do papel que o bibliotecário desempenha na escola. No que diz respeito à cultura e à prática escolares, é importante que o bibliotecário perceba se há esforço da escola e de seus integrantes para criar um ambiente de colaboração. Se esse esforço existe, como se dá o engajamento das pessoas no processo? Quanto ao papel do bibliotecário, é necessário que ele entenda o grau em que a colaboração deve ocorrer. Assim, se exerce apenas a função de organizador do acervo, seu nível de colaboração com o corpo docente precisa ser mínimo. No outro extremo, se for responsável por um programa regular de letramento informacional integrado ao currículo da escola, ele necessita estar constantemente interagindo com professores, orientadores, supervisores e com a diretoria da escola. A colaboração, portanto, deve ser analisada, não como um fim, mas um meio de se alcançar coletivamente o êxito na aprendizagem dos alunos.

Referências

CAMPELLO, B. *Letramento informacional no Brasil*: práticas educativas de bibliotecários em escolas de ensino básico. 2009. Tese (Doutorado em Ciência da Informação) – Escola de Ciência da Informação, Universidade Federal de Minas Gerais, Belo Horizonte, 2009.

KUHLTHAU, C. C. *Seeking meaning*: a process approach to library and information services. Norwood, NJ: Ablex, 1996. p. 137-154.

LEONARD, L.; LEONARD, P. The continuing trouble with collaboration: teachers talk. *Current Issues in Education*, v. 6, n. 15, 2003. Disponível em: <http://cie.asu.edu/volume6/number15/index.html>. Acesso em: 29 abr.2006.

MONTIEL-OVERALL, Patrícia. Toward a theory of collaboration for teachers and librarians. *School Library Media Research*, v. 8, 2005.

Disponível em: <http://www.ala.org/ala/aasl/aaslpubsandjournals/slmrb/slmrcontents/volume82005/theory.htm> Acesso em: 28/abr./2006.

MONTIEL-OVERALL, Patrícia. A theoretical understanding of teacher and librarian collaboration (TLC). *School Libraries Worldwide*, v. 11, n. 2, p. 24-48, 2005.

SILVA, V. A. P. *Proposta de integração entre educador e bibliotecário nas escolas de 1º e 2º graus*. Dissertação – (Mestrado em Biblioteconomia). Curso de Pós-Graduação em Biblioteconomia, Pontifícia Universidade Católica de Campinas, Campinas, 1984.

Capítulo 6
Avaliação da aprendizagem de habilidades informacionais

Do ponto de vista do bibliotecário que atua em biblioteca escolar, a avaliação é algo bem diferente do que na visão do professor. O professor tem responsabilidade formal, direta com a aprendizagem dos alunos, associada à existência de programas de ensino e horários de aula definidos e à avaliação sistemática dos conteúdos que ensina. Isso não ocorre com o bibliotecário, cujas atribuições não incluem esses aspectos.

Essa situação, entretanto, começa a se modificar com a implementação de programas de letramento informacional em escolas de países adiantados, o que levou naturalmente à necessidade de avaliação dos conteúdos ensinados. Hoje bibliotecários responsáveis por esses programas se preocupam em medir o que os alunos aprendem, quando desenvolvem trabalhos de pesquisa orientados. Além de dados sobre o desempenho dos alunos, essa avaliação fornece evidências sobre a importância da biblioteca na aprendizagem e sobre o papel do bibliotecário quando trabalha com os alunos, em colaboração com os professores.

A questão da avaliação não é recente na biblioteconomia. Estudos e propostas de avaliação de serviços vêm sendo feitos há longo tempo. O tema foi consolidado com a obra de Frederick Lancaster, professor da Graduate School of Library and information Science, University of Illinois (EUA), que se tornou clássica, e um de seus livros, (*If you want to evaluate your library...*), foi traduzido no Brasil. Esse trabalho trata, na sua maior parte, de questões ligadas à avaliação de serviços. Mas há um capítulo específico dedicado à avaliação da instrução bibliográfica, em que o autor chamou a atenção para o aspecto peculiar desse tipo de atividade, que exige a avaliação da aprendizagem mais do que a avaliação de serviço. Tratando do assunto na perspectiva de programas formais de instrução bibliográfica, o texto, apesar disso, auxilia no entendimento dos fatores envolvidos na avaliação das atividades educativas do bibliotecário de modo geral.

O autor apontou inicialmente que, na avaliação de um programa de instrução bibliográfica – que hoje corresponderia a um programa de desenvolvimento de habilidades informacionais ou de letramento informacional – pode-se verificar, por exemplo, se os alunos usam os serviços da biblioteca de modo mais eficaz ou se obtêm bom desempenho em exercícios que envolvem o uso de fontes de informação. Mas, em última análise, o critério definitivo seria a melhoria dos trabalhos escolares dos estudantes. Assim, na avaliação da atividade, o importante é focalizar não a satisfação dos mediadores, mas o desempenho dos alunos.

O autor não simpatiza com métodos subjetivos de avaliação, baseados em opiniões dos alunos ou dos mediadores, por isso propõe métodos objetivos que possibilitem uma avaliação mais sistemática e quantificável. Sugere, então, estratégias que meçam as aptidões dos alunos antes e depois das atividades. Esse tipo de avaliação pode ser feito também com grupos de alunos expostos a estratégias didáticas diferentes, o que mostraria, além do resultado da aprendizagem, qual estratégia seria mais eficaz.

O autor explorou a ideia de pesquisadores da área de educação que sistematizaram os "passos" da avaliação, chegando ao seguinte esquema:

- avaliação da reação dos participantes;
- avaliação dos conhecimentos adquiridos;
- avaliação da mudança comportamental;
- avaliação dos resultados do programa.

Lancaster considerou a *avaliação da reação dos participantes* como a mais fácil de ser realizada, chamando a atenção para o fato de que ela é completamente subjetiva, embora os dados possam ser coletados de forma sistemática – por meio de questionários, por exemplo. Esse tipo de avaliação serve para mostrar basicamente o grau de "contentamento" dos estudantes com a atividade; mas pode ser útil, pois os participantes que gostaram de determinado programa são os que provavelmente dele obtiveram os maiores benefícios.

Com relação à *avaliação dos conhecimentos adquiridos*, Lancaster lembrou que, no que diz respeito ao desenvolvimento de habilidades informacionais, os objetivos são, na sua maior parte, cognitivos; isto é, avaliar se os alunos adquiriram determinados conhecimentos. Mas objetivos afetivos também podem ser avaliados, por exemplo, verificar se os estudantes desenvolveram atitude mais positiva com relação à biblioteca e à leitura.

Quanto à *avaliação da mudança comportamental*, o autor mostra as seguintes possibilidades: verificar se houve maior utilização da biblioteca, se houve utilização maior e mais aprimorada de fontes de informação, e maior êxito na utilização de recursos informacionais nos trabalhos escolares dos alunos.

Finalmente, no que diz respeito à *avaliação dos resultados do programa*, o autor explica que significa a avaliação do programa como um todo, o que só é possível quando objetivos são traçados *a priori*.

Atualmente, quando se fala de letramento informacional e não de instrução bibliográfica, a necessidade da avaliação se mantém, e estratégias têm sido implementadas para entender se – e como – os alunos estão aprendendo por meio da informação.

A SLIM (School Library Impact Measure) é uma dessas estratégias para avaliar as ações da biblioteca escolar no que diz respeito à aprendizagem pela busca e pelo uso de informação. A SLIM foi elaborada por um grupo de pesquisadores do CISSL (Center for International Scholarship on School Libraries) na perspectiva de avaliar um projeto escolar que utiliza a estratégia de pesquisa orientada, em que o aluno se envolve ativamente com diversas fontes de informação para descobrir novas ideias, construir novas compreensões e desenvolver pontos de vista e perspectivas pessoais, sob orientação de mediadores experientes. A metodologia da SLIM fundamenta-se na exposição e na explicitação do processo pelo qual o aluno passou (no caso, o processo de pesquisa) e na reflexão do aluno sobre sua aprendizagem. Consiste em levá-lo a fazer essa reflexão em três etapas específicas do processo: no início, no meio e no fim, quando o trabalho é completado. Na avaliação, são sondados os conhecimentos prévios do estudante sobre o assunto, seu interesse sobre o tema, as facilidades e as dificuldades que ele possa ter encontrado e percebido e, finalmente, o que aprendeu. Esse tipo de metodologia permite verificar as mudanças ocorridas na aprendizagem, fornece esclarecimentos para melhorar a mediação, e ao mesmo tempo proporciona evidências a respeito do papel pedagógico da biblioteca e do bibliotecário.

Constitui um modelo de avaliação formativa, de abordagem cognitivista, envolvendo operações mentais dos alunos e procura entender os diferentes processos que utilizam ao se apropriar dos conhecimentos, centrando-se nos significados que atribuem às suas ações ao longo do percurso de aprendizagem. É diferente dos modelos normativos, restritos à contabilização de erros e acertos que caracterizam as práticas avaliativas tradicionais, que consistem em exames e provas de caráter certificativo, classificatório e punitivo. Percebe-se, na SLIM, o compromisso com a formação do aluno, com a aprendizagem significativa que lhe proporcione condições de aplicar as capacidades aprendidas em outras situações de aprendizagem.

No Brasil, onde a implementação de programas de letramento informacional é incipiente, a questão de sua avaliação também não tem sido aprofundada. Mas isso não significa que os bibliotecários brasileiros ignorem a importância da avaliação. Eles estão preocupados em avaliar mais a eficácia das atividades que desenvolvem e menos o que o aluno aprendeu por meio dessas atividades. Assim, ele usa a avaliação para aperfeiçoar a atividade, quando ela é novamente realizada. Além disso, o que os bibliotecários fazem geralmente é observar a atitude dos usuários com relação à biblioteca. É o que Lancaster chama de "avaliação da reação dos usuários", que no Brasil é feita quase sempre de forma intuitiva, quando o bibliotecário "acha", "sente", "observa", "nota" ou "percebe" mudanças para melhor nas atitudes e nos comportamentos dos membros da comunidade escolar.

Por exemplo, quando sente que a biblioteca está tendo maior reconhecimento na escola.

Ele sabe que a biblioteca está tendo bom desempenho observando, por exemplo, a reação dos dirigentes, que se manifesta no suporte aos projetos da biblioteca, permitindo sua ampliação e/ou continuidade.

Observa também a reação dos professores, que ocorre na forma de apoio aos projetos da biblioteca ou do interesse em realizar atividades conjuntas com o bibliotecário. Pode ocorrer também como mudança de estratégias didáticas de leitura, quando o professor utiliza maior variedade de livros nas suas atividades com os alunos. O bibliotecário observa também que o professor aperfeiçoa o processo de pesquisa escolar, acompanhando mais de perto o estudante na elaboração das pesquisas que solicita ou se tornando mais exigente com relação à qualidade do trabalho; tudo isso em função de estímulos que recebe do bibliotecário.

A reação dos alunos é percebida em diversas situações: quando o bibliotecário observa que eles gostam da biblioteca, sentem prazer em permanecer naquele espaço, apreciam as atividades ali desenvolvidas e se sentem atraídos pelos recursos informacionais que a biblioteca oferece. Percebe resultados positivos de seu esforço para atrair os usuários quando o número de inscritos aumenta, a frequência à biblioteca se amplia e o número de empréstimos cresce, demonstrando que os alunos estão lendo mais.

Até a reação dos pais é observada como reflexo da atuação da biblioteca: os bibliotecários percebem que os pais mostram maior entendimento da função da biblioteca, sentem-se satisfeitos com os novos conhecimentos que os filhos adquiriram ali e até eles próprios, se tornam usuários.

Enfim, o bibliotecário brasileiro conhece, ainda que de maneira intuitiva, os resultados de suas ações. Só que ele ainda não assimilou a prática de avaliação formal, que revelaria com mais objetividade os resultados de sua atuação pedagógica e proporcionaria fundamentos mais sólidos para justificar seus projetos, superando os argumentos subjetivos e "missionários" como prova da importância da biblioteca. Entretanto, é importante lembrar que a biblioteca sempre foi diferente da sala de aula. A aprendizagem que ali se dá ocorre em clima mais ameno e descontraído, e o bibliotecário geralmente se esforça para manter na biblioteca um ambiente de prazer e contentamento, o que não combina com as características das avaliações tradicionais. Então, a avaliação das ações pedagógicas da biblioteca também deve ocorrer de maneira diferente, e o bibliotecário deve buscar estratégias de avaliação formativa que possibilitem, – mais do que medir o que o aluno aprendeu com a biblioteca –, criar formas de aperfeiçoar a maneira de aprender.

Referências

CAMPELLO, B. *Letramento informacional no Brasil*: práticas educativas de bibliotecários em escolas de ensino básico. 2009. Tese (Doutorado em Ciência da Informação) – Escola de Ciência da Informação, Universidade Federal de Minas Gerais, Belo Horizonte, 2009.

LANCASTER, F. W. Avaliação da instrução bibliográfica. In: LANCASTER, F. W. *Avaliação de serviços de bibliotecas*. Brasília: Briquet de Lemos, 1996. p. 226-262.

TODD, R. J.; KUHLTHAU, C. C.; HEINSTRÖM, J. E. *School Library Impact Measurement* (SLIM): a toolkit and handbook for tracking and assessing student learning outcomes of guided inquiry throught the school library. CISSL, Rutgers University, N. J., 2005. Disponível em: <http://cissl.scils.rutgers.edu/imls/SLIM_toolkit.pdf>. Acesso em: 2 set. 2005.

PINTO, N. B.; SILVA, C. M. S. Avaliação de aprendizagem e exclusão social. *Diálogo Educacional*, Curitiba, v. 6, n. 19, p. 111-126, 2006.

Capítulo 7
Leitura informativa

A capacidade de ler e interpretar textos é necessária numa sociedade letrada. E o letramento informacional, que envolve a ideia de aprendizagem pelo uso de informações, pressupõe obviamente leitores competentes. Programas de letramento informacional incluem tanto a leitura de textos de não ficção, os chamados textos informativos, quanto a leitura literária, de textos ficcionais.

Os bibliotecários que atuam em escolas sempre se preocuparam com a leitura literária. Com frequência, desenvolvem na biblioteca atividades que visam principalmente despertar nas crianças o gosto pela literatura. Na verdade, isso acontece também com os professores que privilegiam o texto ficcional quando planejam atividades de leitura para seus alunos, seja para estudos linguísticos, seja para a interpretação de textos. Professores e bibliotecários parecem conhecer bem os fatores positivos relacionados ao contato das crianças e dos jovens com a obra de ficção, que são bem documentados na bibliografia das áreas de educação e de estudos linguísticos, e envolvem aspectos não só intelectuais como também afetivos e emocionais. A preocupação com a leitura literária pode ser observada também em ações de diversas organizações governamentais e não governamentais que mantêm programas destinados a estimular o uso de obras de ficção por crianças e jovens. Isso é compreensível, pois em situações nas quais a formação de leitores é problemática e é preciso convencer crianças e jovens a gostar de ler, os textos literários são especialmente atraentes.

Entretanto, há evidências de que a utilização de outros gêneros pode exercer influência significativa no processo de letramento das crianças. Em sua tese de doutorado, defendida na PUC de São Paulo, Sérgio Roberto Costa mostrou que a utilização de gêneros diversos como instrumento de construção e constituição da linguagem pode provocar mudanças na aprendizagem da leitura e da escrita, ajudando o leitor a atingir um nível maior de complexidade no processo de ler/ escrever. O autor realizou uma pesquisa com crianças de pré-escolar e de primeira e segunda séries do ensino fundamental. Observou o que acontecia nos momentos em que elas realizavam atividades de leitura, oral e escrita, com suas professoras (geralmente na chamada "hora da rodinha"). Para embasar seu estudo, o pesquisador usou a noção de gêneros primários e secundários, desenvolvida por Mikhail Bakhtin (1895-1975), filósofo e linguista russo, cujas pesquisas sobre a linguagem vêm influenciando significativamente os estudos acadêmicos na área de educação no Brasil. Para Bakhtin, os gêneros primários do discurso são simples, geralmente orais e referem-se ao cotidiano. São representados pelos diálogos orais do dia a dia e conversas familiares que ocorrem em reuniões sociais, em círculos de amigos e companheiros de trabalho. Os gêneros primários se dão próximos à situação imediata em que são produzidos, na qual a atividade humana se realiza e se concretiza. Assim, são compreendidos por sua relação com o contexto em que ocorrem e, nesse processo, a pessoa que fala (o locutor) tem o controle daquilo que fala (do enunciado). Os gêneros secundários, mais complexos e geralmente produzidos em forma escrita, se distanciam das situações imediatas e cotidianas. Referem-se à esfera de produção cultural mais complexa e mais evoluída. São representados pelo romance, teatro, pelo discurso científico, jornalístico, etc.

O fato é que os gêneros instituem regularidades discursivas que ajudam e orientam os leitores a estabelecer a comunicação. Eles possuem aspectos normativos, isto é, são estruturados numa unidade discursiva regular, que pode ajudar muito na construção do letramento, pois, ao ouvir determinado tipo de discurso, pode-se prever o seu gênero a partir das primeiras palavras, tendo uma ideia do todo. Quando um texto se inicia com a expressão "Era uma vez...", as pessoas sabem que estão diante de um conto. Assim também sabem que irão ouvir um pronunciamento público ou uma apresentação de espetáculo quando ouvem "Senhoras e senhores". Desse modo, é possível reconhecer outros gêneros, como cartas, reportagens, poemas, anúncios publicitários e muitos outros. Os gêneros constituem, portanto, formas relativamente estáveis de enunciados, caracterizados por três elementos: conteúdo temático, estilo e construção composicional. Podemos dizer que são "famílias" de textos que compartilham algumas características comuns, embora não totalmente homogêneas, como o próprio tipo de suporte comunicativo.

A tese referida concluiu que, quando a criança entra em contato com gêneros diversos e mais complexos, mesmo que ainda não saiba escrever segundo as convenções do sistema de escrita de sua língua, ela está se apropriando de um conjunto de instrumentos essencial para a construção do letramento. Então, nas atividades de leitura, a escola deve explorar outros tipos de narrativa e outros gêneros discursivos, além das histórias.

A importância de não se fixar apenas nos livros de ficção foi demonstrada por uma pesquisa que buscou entender a função do texto informativo no processo de letramento. Nessa pesquisa, feita no Canadá, a autora, observando as atividades realizadas em uma classe de crianças de 3 a 5 anos durante a realização de um projeto sobre dinossauros, investigou, por meio da fala das crianças, como elas compreenderam os textos informativos que foram utilizados. Ao desenvolver diversas atividades de leitura e troca de informações mediadas pela professora, as crianças revelaram, por meio de suas falas, que conseguiam monitorar seu conhecimento e sua compreensão sobre determinado tópico, identificar falhas no seu conhecimento e procurar informação para suprir essas falhas. Entendiam também que os textos podiam fornecer informações específicas por meio do sumário e que a informação era apresentada de diversas maneiras. Conseguiam resumir e elaborar ideias sobre o ponto principal do texto, organizar fatos e eventos em sequência, percebendo diferenças e fazendo comparações entre fatos e conceitos. Mostraram que entendiam como alguns eventos se relacionavam, isto é, percebiam causa e efeito, e aprenderam a habilidade de conectar novas informações às suas experiências anteriores. Compreenderam conceitos complexos, por exemplo, o conceito de extinção das espécies, as causas da extinção de certos animais e o papel da raça humana nesse processo. O estudo concluiu que o trabalho didático com textos informativos contribui para o processo de letramento das crianças e deve, portanto, começar desde cedo na escola, mesmo antes de as crianças aprenderem a ler formalmente. Mostrou que não há razão para se trabalhar apenas com textos literários, pois encontrou evidências de que os textos informativos podem servir mais do que como fonte de informação para a pesquisa escolar. O uso bem mediado desses textos pode elevar o grau de letramento das crianças em vários aspectos.

Além disso, há evidências de que crianças e jovens apreciam textos informativos. Em entrevistas realizadas por Santuza Silva, para sua dissertação de mestrado, defendida na Faculdade de Educação da UFMG, alguns alunos de 4ª série do ensino fundamental declararam gostar de ler livros de geografia, ciências e português. Usavam esses livros para desenhar mapas, saber nomes de países, fazer experiências ou se inspirar para os títulos dos textos que produziam. Esse gosto pelos livros informativos era motivado pela curiosidade que colocava os alunos em contato com conteúdos que seriam estudados em séries mais avançadas.

Outra evidência que embasa a ideia de balancear a oferta de livros de literatura e livros informativos no processo de letramento das crianças é a descoberta de que existem duas maneiras opostas de ler um texto. Em uma delas, adota-se a "posição eferente", em que a principal motivação é adquirir informação, ou seja, ela procura basicamente entender o que o texto está dizendo. Na outra se adota a "posição estética", na qual o interesse é mais voltado para o que estamos experimentando, pensando ou sentindo durante a leitura. Louise Rosenblatt (1904-2005), a pesquisadora que explicou esses modos de leitura, mostrou também que os leitores podem mudar de posição enquanto leem um texto. Acontece que podemos ler de "modo estético" um texto feito com o objetivo de informar e podemos ler de "modo eferente" um texto feito com o objetivo de comunicar experiência ou um texto literário. A pesquisadora recomenda que os mediadores entendam essas nuances e auxiliem as pessoas a ler qualquer texto nas duas perspectivas. Para isso, devem assegurar a oferta equilibrada dos dois tipos de textos.

O mercado livreiro no Brasil já tem tradição em oferecer textos literários de qualidade. Ultimamente, vem disponibilizando também uma variedade de livros informativos para todas as idades. Alguns critérios podem ajudar na escolha destes últimos:

1. a aparência e o formato são importantes para atrair o leitor;
2. o autor deve ter competência reconhecida e as informações devem ser acuradas e atualizadas;
3. pessoas e coisas devem ser apresentadas como são e não como estereótipos;
4. fatos e opiniões devem ser claramente apresentados como tais;
5. desenhos, diagramas e outros elementos ilustrativos devem ter a função de esclarecer e apoiar a compreensão do texto;
6. as informações devem ser facilmente acessíveis por meio de sumários, índices, glossários e esquemas;
7. é importante a existência de bibliografia;
8. o estilo deve ser claro e direto, apropriado para a faixa etária a que se destina, envolvendo o leitor por meio de linguagem criativa e interessante.

O uso de textos variados na aprendizagem dos conteúdos escolares é fortemente recomendado pelos *Parâmetros Curriculares Nacionais*. Isso significa que os professores devem incluir em suas atividades didáticas textos de diferentes gêneros e portadores. Como consequência, a diversidade textual deve constituir característica marcante do acervo da biblioteca escolar. E as atividades ali desenvolvidas precisam incorporar a variedade de gêneros, contribuindo para aumentar a familiaridade dos alunos com escritos que irão usar com frequência, não só durante seu período de escolarização, mas certamente durante sua vida inteira.

Referências

BRASIL. Ministério da Educação e do Desporto. Secretaria de Educação Fundamental. *Parâmetros Curriculares Nacionais*: língua portuguesa. Brasília, 1997. p. 26-27.

CAMPELLO, Bernadete *et al*. A coleção da biblioteca escolar na perspectiva dos Parâmetros Curriculares Nacionais. *Informação&Informação*, Londrina, v. 6, n. 2, p. 71-88, jul./dez. 2001.

CHURCH, G. W. The significance of Louise Rosenblatt on the field of teaching literature. *Inquiry*, v. 1, n. 1, p. 71-77, 1997.

COSTA, Sérgio Roberto. *A construção do letramento escolar*: um processo de apropriação de gêneros. 1997. Tese (Doutorado em Linguística Aplicada). Pontifícia Universidade Católica de São Paulo, São Paulo.

DOIRON, Ray. Motivating the lifelong reading habit through a balanced use of children's information books. *School Libraries Worldwide*, v. 9, n. 1, p. 39-49, 2003.

FILIPENKO, Margot. Constructing knowledge about and with informational texts: implications for teacher-librarians working with young children. *School Libraries Worldwide*, v. 10, n. 1/2, p. 21-36, 2004.

GARCEZ, Lucília Helena do Carmo. *A leitura compartilhada na hora do conto*. In: SEMINÁRIO BIBLIOTECA ESCOLAR: ESPAÇO DE AÇÃO PEDAGÓGICA, 1., 1998, Belo Horizonte. *Biblioteca escolar*: espaço de ação pedagógica. Belo Horizonte: Grupo de Estudos em Biblioteca Escolar/Escola de Biblioteconomia da UFMG, Associação dos Bibliotecários de Minas Gerais, 1999. p. 49-59.

SILVA, Santuza Amorim da. *Práticas e possibilidades de leitura na escola*. 1997. Dissertação (Mestrado em Educação) – Faculdade de Educação, Universidade Federal de Minas Gerais, Belo Horizonte.

Sobre a autora

Bernadete Santos Campello é doutora em Ciência da Informação e mestre em Biblioteconomia pela Universidade Federal de Minas Gerais. É professora da Escola de Ciência da Informação da mesma Universidade. Desenvolve e orienta pesquisas nas áreas de biblioteca escolar e letramento informacional, tendo vários trabalhos publicados. É coordenadora do Grupo de Estudos em Biblioteca Escolar. Coordenou o trabalho de tradução e adaptação do livro *Como Usar a Biblioteca na Escola: um programa de atividades para o ensino fundamental*, de Carol Kuhlthau. É uma das autoras dos livros *A Biblioteca Escolar: temas para uma prática pedagógica*, *Fontes de Informação para Pesquisadores e Profissionais* e *Introdução às Fontes de Informação*.

Qualquer livro do nosso catálogo não encontrado nas livrarias pode ser pedido por carta, fax, telefone ou pela Internet.

Rua Aimorés, 981, 8º andar – Funcionários
Belo Horizonte-MG – CEP 30140-071

Tel: (31) 3222 6819
Fax: (31) 3224 6087
Televendas (gratuito): 0800 2831322

vendas@autenticaeditora.com.br
www.autenticaeditora.com.br

Este livro foi composto com tipografia Palatino e impresso em papel Off Set 75 g. na Formato Artes Gráficas.